Anonymous

Akten und Verhandlungen der Deutschen Synode des Ostens

der Reformirten Kirche in den Vereinigten Staaten

Anonymous

Akten und Verhandlungen der Deutschen Synode des Ostens
der Reformirten Kirche in den Vereinigten Staaten

ISBN/EAN: 9783744633611

Hergestellt in Europa, USA, Kanada, Australien, Japan

Cover: Foto ©Lupo / pixelio.de

Weitere Bücher finden Sie auf **www.hansebooks.com**

Fünfzehnte Jahresversammlung.

Akten und Verhandlungen

der

Deutschen

Synode des Ostens

der

Reformirten Kirche in den Ver. Staaten.

Gehalten zu Philadelphia, Pa., vom 18.–23. September, 1889.

Deutsches Verlagshaus,
der Reformirten Kirche in den Vereinigten Staaten,
Aug. Becker, Geschäftsführer,
1134—1138 Pearl Str., Cleveland, O.

Geschäfts-Ordnung.

Artikel   I. Eröffnung der Synode.
"   II. Anwesende Glieder.
"   III. Wahl der Beamten.
"   IV. Ordnungsregeln.
"   V. Ernennung der ständigen Ausschüsse.
    1. Für Synodal-Verhandlungen.
    2. " Eingaben.
    3. " Korrespondenz mit Schwestersynoden.
    4. " Klassital-Verhandlungen.
    5. " Examination, Lizens und Ordination.
    6. " Kirchlich religiöse Zustände und Statistik.
    7. " Mission.
    8. " Missionshaus.
    9. " Finanzen.
    10. " Nominationen.
    11. " Publikation.
    12. " Gottesdienste.
"   VI. Mittheilungen.
"   VII. Synodal-Verhandlungen.
"   VIII. Eingaben.
"   IX. Korrespondenz mit Schwestersynoden.
"   X. Gottesdienste.
"   XI. Klassital-Verhandlungen.
"   XII. Examination, Licens und Ordination.
"   XIII. Kirchlich religiöse Zustände und Statistik.
"   XIV. Mission.
"   XV. Missionshaus.
"   XVI. Finanzen.
"   XVII. Appellationen und Verweisungen.
"   XVIII. Beschwerden.
"   XIX. Publikation.
"   XX. Kirchen-Regiment.
"   XXI. Verschiedenes.
"   XXII. Schluß der Verhandlungen und Vertagung.

Verhandlungen

der deutschen Synode des Ostens der Reformirten Kirche in den Vereinigten Staaten, versammelt zu einer

Spezial-Sitzung

Mittwoch den 18. Tag im Monat September, im Jahre unseres Herrn, Eintausend achthundert und neunundachtzig, Abends 7 Uhr, in der Evangelisch-Reformirten Emanuels-Kirche, Philadelphia, Pa.

Spezial-Sitzung.

Die deutsche Synode des Ostens der Reformirten Kirche in den Vereinigten Staaten, versammelte sich auf die Berufung des Präsidenten Pastor J. Külling, D. D., zu einer Spezial-Sitzung in der Evang. Reformirten Emanuel's Kirche, Philadelphia, Pa., am Mittwoch den 18. September 1889, Abends 7 Uhr.

Die Sitzung wurde vom Präsidenten mit Gebet eröffnet. In der Abwesenheit des ständigen Schreibers wurde Pastor A. E. Dahlmann zum Schreiber pro tem. erwählt.

Das Namens-Verzeichniß der Glieder der Synode wurde vorgelesen. Ein Quorum war anwesend.

Folgendes Gesuch an den Präsidenten wurde vorgelegt und gelesen:

Philadelphia, Pa., Juli den 25. 1889.

An den Ehrw. Präsidenten der deutschen Synode des Ostens der Reform. Kirche in den Ver. Staaten.

Lieber Bruder:

Wir die Unterzeichneten, Glieder obiger Synode, ersuchen Sie gemäß Art. 66 der Kirchenordnung der Reformirten Kirche in den Vereinigten Staaten, auf den **dritten** Mittwoch im September, (den 18.) 1889, Abends 7 Uhr, eine Spezial-Versammlung der Synode zu berufen, um den letztjährigen Beschluß in Bezug des Ortes der diesjährigen Synodal=Versammlung in Wiedererwägung zu ziehen, und dahin zu ändern, daß die Synode sich zur bestimmten Zeit, in der Evangelisch = Reformirten Emanuels Kirche, Baring und 38. Straße Philadelphia, Pa., versammle.

P. H. Dippell,
F. W. Berlemann, } Pastoren.
J. B. Kniest,
A. E. Dahlmann,

Jakob Longenbörfer,
Georg M. Ehrlen, } Aeltesten.
John Lutz,
Phillip Lahm,

Der Beschluß vom letzten Jahre, in Bezug des Ortes der regelmäßigen Versammlung dieses Jahr, wurde in Wiedererwägung gezogen und

Beschlossen, daß die Evangelisch = Reformirte Emanuels Kirche, Philadelphia Pa., bestimmt sei als Ort der diesjährigen regelmäßigen Versammlung.

Das Protokoll der Sitzung wurde gelesen und angenommen.

Synode vertagte sich hierauf mit Gebet von Pastor J. F. H. Dieckmann, D. D.

Beschlüsse und Verhandlungen

der deutschen Synode des Ostens der Reformirten Kirche in den Vereinigten Staaten, versammelt als eine Delegaten = Synode in der Evangelisch = Reformirten Emanuels Kirche West Philadelphia, Pa., vom Abend des 18. bis zum Abend des 23. Tages im Monat September, im Jahre unseres Herrn, Eintausend achthundert und neunundachtzig.

Artikel I.
Eröffnung der Synode.

Die deutsche Synode des Ostens der Reformirten Kirche in den Vereinigten Staaten, versammelte sich gemäß letztjährigen Beschlusses als eine Delegaten Synode, und gemäß des Beschlusses der vorhergehenden Spezial=Sitzung, in der Evangelisch = Reformirten Emanuels Kirche West Philadelphia Pa., am Mittwoch den 18. September 1889, Abends 8 Uhr. Die Eröffnungspredigt wurde von dem abtretenden Präsidenten, Pastor J. Külling, D. D., gehalten über den Text: Offenb. Joh. 21, 5: "Und der auf dem Stuhl saß, sprach: Siehe, ich mache alles neu. Und er spricht zu mir: Schreibe; denn diese Worte sind wahrhaftig und gewiß."

Nach dem Gottesdienst wurde die Synode zur Ordnung gerufen und die Geschäftssitzung mit Gebet eröffnet von dem Präsidenten. Pastor A. E. Dahlmann wurde in Abwesenheit des ständigen Schreibers als Schreiber pro tem. ernannt. Die Namenliste der von den Klassen erwählten Delegaten wurde vorgelesen. Da ein Quorum anwesend war, wurde zur theilweisen Organisation geschritten und diese an den folgenden Tagen vollendet.

Artikel II.
Anwesende Glieder.

1. New York Klassis.

Pastoren: W. Walenta, Johannes Külling, D. D., Kaspar Brunner.

Aeltesten: Heinrich Berge, Johannes Lutz.

2. West New York Klassis.

Pastoren: Moritz Heinze, Karl Kuß[2], J. F. H. Dieckmann, D. D.

Aeltesten: C. Löwer, C. R. Mennig, H. Siebert[1].

3. **Deutsche Philadelphia Klassis.**

Pastoren: P. H. Dippell, A. E. Dahlmann, F. W. Berlemann, Johannes G. Neuber, G. B. Seibel, Paul Wienand.

Aeltesten: Georg M. Ehrlen, Jakob Longendörfer, N. Wetzel,⁶ Daniel Barlet.

4. **Deutsche Maryland Klassis.**

Pastoren: M. Bachmann¹, G. Facius, W. L. Elterich.

Aeltesten: Martin Höngen, C. H. Gerhold.

5. **Deutsche West Pennsylvania Klassis.**

Pastoren: Julius Herold⁴.

Aeltesten: P. W. Siebert⁵.

---

1. Nahm seinen Sitz ein am Nachmittage des zweiten Sitzungs-Tages; bis zu seiner Ankunft wurde seine Stelle von Pastor A. E. Schade, secundus, eingenommen.
2—5. Nahmen ihre Sitze ein am Morgen des dritten Sitzungs-Tages.
6. Nahm seinen Sitz ein am Morgen des fünften Sitzungs-Tages.

Rathgebende Glieder.

New York Klassis.

Pastoren: N. Wiers, C. H. Ebert und Aeltester C. Wagner.

Deutsche Philadelphia Klassis.

Pastoren: J. B. Kniest, D. D., J. B. Forster, G. A. Scheer, Johannes Vögelin; und Aeltester W. Heyser.

Deutsche Maryland Klassis.

Pastoren: H. Bielfeld, A. E. Schade, A. Günther.

Von der **Philadelphia Klassis**, der Synode in den Vereinigten Staaten die Pastoren Georg H. Johnston D. D., und J. J. Good, D. D., Pastor Oschikawa, Missionar der Reformirten Kirche in Japan.

Besucher von Schwester-Kirchen.

Konsistorialrath Dr. Herman Dalton von Berlin, Deutschland; Pastor C. F. E. Suckow von der Holländisch Reformirten Kirche; die Pastoren Julius Herold, J. Richelsen und H. C. Schlüter von dem Philadelphia Central Presbyterium der Presbyterianer Kirche in den Vereinigten Staaten.

Artikel III.
Wahl der Beamten.

Präsident: Pastor J. F. H. Dieckmann, D. D., von Buffalo, N. Y.

Ständiger Schreiber:† Pastor A. E. Dahlmann von Philadelphia Pa.

Korrespondirender Schreiber: Pastor A. E. Schade von Baltimore, Md.

Schatzmeister: Aeltester Martin Höngen von Baltimore, Md.

---

† Der frühere ständige Schreiber, Pastor C. Borchers, hatte seine Resignation eingereicht, welche angenommen wurde. Siehe den Bericht über Eingaben.

Artikel IV.
Ordnungsregeln.

Die Versammlungen der Synode wurden geleitet nach den in der Reformirten Kirche gültigen Ordnungsregeln.

Die 6te Reihe Bänke im Mittelschiff der Kirche wurde als Schranke des Hauses bestimmt. Die Zeit für die Geschäftssitzungen wurde festgesetzt auf 9—11½ Uhr Vormittags und 2½ bis 5 Uhr Nachmittags. Die Sitzungen wurden Freitag Vormittag den dritten Tag und Samstag den vierten Tag Nachmittags um etwa eine halbe Stunde verlängert; Montag den fünften Tag des Nachmittags ¼ vor 2 Uhr angefangen und 4 Uhr geschlossen. Am Montag den fünften Sitzungs-Tag wurde eine Abend-Sitzung gehalten von 7½ bis 10 Uhr.

Artikel V.
Ständige Ausschüsse.

Der Präsident ernannte folgende ständigen Ausschüsse:

Synodal-Verhandlungen: Pastoren P. H. Dippell, G. P. Seibel, Aeltester J. Longendörfer.

Eingaben: Pastoren A. E. Schade, P. Wienand, Aeltester C. Löwer.

Korrespondenz mit Schwester-Synoden: Pastoren M. Heinze, C. Brunner, Aeltester H. Berge.

Klassikal-Verhandlungen: Pastoren W. Walenta, J. Herold, Aeltester J. Lutz.

Examination Lizensur c.: Pastoren J. Külling, D. D., A. E. Schade, Aeltester C. R. Mennig.

Kirchlich religiöse Zustände und Statistik: Pastoren J. Külling, D. D., P. H. Dippell, Aeltester M. Höngen.

Mission: Pastoren C. Brunner, F. W. Berlemann, Aeltester G. M. Ehrlen.

Missionshaus: Pastoren G. Facius, M. L. Elterich, Aeltester C. H. Gerhold.

Finanzen: Pastoren G. B. Seibel, W. Walenta, Aeltester C. R. Mennig.

Nomination: Pastoren F. W. Berlemann, G. Facius, Aeltester Daniel Barlet.

Publikation: Pastoren J. Herold; M. Heinze, Aeltester C. Löwer.

Gottesdienste: Pastoren A. E. Dahlmann, Paul Wienand, Aeltester J. Longendörfer.

Artikel VI.
Mittheilungen.

Folgende Mittheilungen wurden empfangen und den betreffenden Ausschüssen überwiesen:

1. Je ein Exemplar der gedruckten Verhandlungen unserer Synode, der Ehrw. Synode des Nordwestens, und der Ehrw. Central-Synode, von letztem Jahre.

2. Die Protokolle der New York, West New York, Deutsche Philadelphia, deutsche Maryland und West-Pennsylvania Klassen.

3. Die Jahresberichte der Verwaltungsbehörde und des Schatzmeisters, der Einheimischen-Missionsbehörde, des Direktoriums des Verlagshauses, der Visitations- und Verwaltungsbehörde des Missionshauses.

4. Eine Anzahl Schreiben verschiedenen Inhalts welche dem Ausschuß für Eingaben überwiesen wurden.

5. Alle Punkte in den Berichten, welche Bezug haben auf erledigte Stellen in Behörden, wurden dem Ausschuß für Nomination überwiesen.

Artikel VII.
Synodal-Verhandlungen.

Der Ausschuß über Synodal-Verhandlungen berichtete in der Montag Vormittag Sitzung. Der Bericht lautet:

Ihr Ausschuß erlaubt sich die Aufmerksamkeit der Ehrw. Synode auf folgende Punkte zu lenken:

Punkt 1, Seite 10. Pastor A. E. Dahlmann wird ernannt als englischer Festredner, um die Synode bei der Einweihung des Neubaus des Missionshauses zu vertreten.

Punkt 2, Seite 14. Der Schatzmeister wird beauftragt die Summe von $50.00 an die Wittwe Keller auszuzahlen.

Punkt 3, Seite 17. Der ständige Schreiber empfängt den Auftrag aus dem Archiv der Synode den nöthigen Aufschluß sich zu verschaffen, welcher Rubrik in unsern statistischen Tabellen die Almosengelder der Gemeinde einzufügen seien.

Punkt 4, Seite 19. 10,000 Exemplare des Religionsberichtes von 1888 sollen gedruckt und unter die Gemeinden nach Maßgabe der Gliederzahl vertheilt werden.

Punkt 5, Seite 31. Der korrespondirende Schreiber empfängt den Auftrag der Missionsbehörde der Synode des Nordwestens und der Central-Synode die Mittheilung zu machen, daß Ehrw. Synode nicht im Stande sei ihrem Wunsche, hinsichtlich der Mission in St. Louis zu entsprechen.

Punkt 6, Seite 44. Der Schatzmeister der Verwaltungsbehörde wird angewiesen die Summe von $400 an das Missionshaus auszuzahlen.

Punkt 7, Seite 48. Der Schreiber wird ersucht dem Direktorium unsres Verlagshauses gewisse Beschlüsse, die Verlegung des Verlagshauses betreffend, zu übermitteln.

Punkt 8, Seite 49. Ein Auftrag an den Schreiber 700 Exemplare der Verhandlungen drucken zu lassen und nach Vorschrift zu verbreiten.

Punkt 9, Seite 52. Dr. J. B. Kniest soll gewisse Beschlüsse an die Herren Professor Maurer, Pastor Fischer und Pastor Calaminus übermitteln. Achtungsvoll vorgelegt

P. H. Dippell,
G. P. Seibel,
Jakob Longendörfer.

Der Bericht wurde entgegengenommen, punktweise erledigt und dann als Ganzes angenommen. Die Handlung darüber ist folgende:

Punkt 1—8 wurden angenommen und die darin enthaltenen Aufträge als ausgeführt berichtet.

Punkt 9. Pastor J. B. Kniest, D. D., legte folgenden Bericht vor:

An die Ehrw. deutsche Synode des Ostens;
Liebe Brüder.

Auf der letzten Synode zu Rochester, N. Y., wurde ich beauftragt den Dank der Ehrw. Synode Herrn Professor Maurer und Anderen, die sich an der Einweihung des Olevian Denkmals betheiligt haben, schriftlich mitzutheilen. Ich berichte hiermit solches seiner Zeit gethan zu haben, und habe damit die Angelegenheit zu Ende gebracht. Achtungsvoll J. B. Kniest.

Der Bericht wurde angenommen.

Artikel VIII.

Eingaben.

Der Bericht des Ausschusses über Eingaben, welcher von Zeit zu Zeit abgestattet, punktweise erledigt und schließlich als Ganzes angenommen wurde, lautet wie folgt:

Bericht des Ausschusses über Eingaben.

Ihrem Ausschusse wurden folgende Schriftstücke eingereicht.

1. Mittheilung von den Beamten der Central-Synode enthält die Bitte um Mitwirkung dieser Synode an einem Prediger- und Prediger-Wittwen-Versorgungsverein.

2. Begrüßungsschreiben der Ehrw. Synode des Nordwestens an diese Synode.

3. Konstitution des Waisen-Vereins der Waisen-Heimath in Fort Wayne.

4. Bericht des Sekretärs von der Behörde für Ausländische Mission.

5. Eine Mittheilung derselben Behörde enthaltend: Erklärungen über die Besetzung der Stelle des Missionar Gring.

6. Bericht unsres vorjährigen Vorsitzers über die Nomination eines Professors der Theologie in unsrem Missionshaus.

7. Bericht der Behörde der General Synode für Einheimische Mission, hinsichtlich der Vereinigung unsrer synodalen Missionsarbeit unter dieser Behörde.

8. Auszug aus den Verhandlungen der Central-Synode worin Punkt 3. die Wahl des Professoren betrifft.

9. Mittheilung von der Central-Synode worin die Wahl des Ehrw. H. A. Meyer auf den Stuhl für historische Theologie im Missionshause officiell bescheinigt wird.

10. Resignation des bisherigen ständigen Schreibers dieser Synode.

11. Resignation des Ehrw. Dr. Külling als Glied der Missionsbehörde dieser Synode.

12. Antwortschreiben vom ständigen Schreiber der General-Synode, betreffs eines Punktes über Almosengelder, wie derselbe nach Punkt IV. 2. auf Seite 17 unsrer Verhandlungen von 1888 die Korrespondenz veranlaßte.

13. Ein Auszug aus den Verhandlungen der Behörde über Einheimische Mission der General-Synode in Bezug einheitlicher Arbeit in der Einheimischen Mission.

14. Gesuch um Entschuldigung vom ständigen Schreiber der deutschen Maryland Klassis wegen Mangels einer Abschrift des

finden, auf dem wir das obengenannte Ziel erreichen oder ihm wenigstens näher kommen können. —

In allem Uebrigen erlauben wir uns auf die gedruckten letztjährigen Verhandlungen unserer Synode hinzuweisen, wie sie Ihnen seinerzeit zugestellt wurden.

Der Herr sei mit uns in unsern gemeinsamen Bestrebungen und Arbeiten, in unsern Freuden und Kämpfen, und gebe uns ein reiches Maß seines heiligen Geistes.

Im Namen Ihrer Schwester-Synode und mit herzlichem Gruß unterzeichnen sich hochachtungsvoll

Ferd. O. Zesch, Präs. der Central-Synode.
John Bachmann, Ständiger Schreiber der
Central-Synode

Cincinnati, O., 5. Aug., 1889.

---

2. Von der Synode des Nordwestens.

An die Ehrw. deutsche Synode des Ostens der Reformirten Kirche in den Vereinigten Staaten.

Ehrw. Väter und Brüder!

Es ist dem Unterzeichneten der ehrenvolle Auftrag geworden, auf das herzliche Begrüßungsschreiben Ihrer Beamten, welches dieselben im Namen der deutschen Synode des Ostens an die deutsch Reformirte Synode des Nordwestens richteten, zu antworten. Ihre herzlichen Segenswünsche wurden bei unserer Synodal-Versammlung in Louisville, Ky., mit innigem Dank entgegen genommen.

Unsere Versammlung war klein; obgleich wir 114 Prediger und 190 Gemeinden in unserm Synodal-Verzeichniß haben, so sind diese über ein so großes Gebiet zerstreut, und die Reisekosten sind so bedeutend, daß viele schwache Pfarrstellen glaubten nicht im Stande zu sein, die erforderlichen Reisekosten zu erschwingen. Aus diesem Grunde hat die Synode auch beschlossen, daß die nächste Synodal-Versammlung zu Niceville, Wis., am 25. September 1889 eine Delegaten-Synode sein soll.

Im Anfange dieses Synodaljahres wurde der wichtige Neubau unsers Missionshauses vollendet, und konnte, Dank der fleißigen Arbeit der Verwalter und der Freigebigkeit der Kirche schuldenfrei eingeweiht werden.

Es hat aber dem allweisen Gott wohlgefallen einen unserer gereisten und erprobten theologischen Lehrer von seiner Arbeit hinwegzurufen in's himmlische Vaterhaus. Wir danken Gott, daß Er uns diesen demüthigen, bescheidenen, gründlich geschulten Diener Christi geschenkt hat, und beklagen sein Scheiden als einen schweren Verlust. Möge das treue Haupt der Kirche unsere Synoden in der wichtigen Wahl eines Nachfolgers leiten!

Gewiß werden Sie, liebe Brüder, sich mit uns herzlich freuen, daß unser Verlagswesen einen so gedeihlichen Fortgang hat, und so versprechend für die Zukunft ist. Schon ist ein recht geeigneter neuer Bauplatz in Cleveland gekauft, und das neue, den vermehrten Bedürfnissen des wachsenden Geschäfts entsprechende Gebäude geht rüstig seiner Vollendung entgegen.

Ferner fühlen wir uns gedrungen, Ihnen herzlich zu danken für das rege Interesse, welches Sie im verflossenen Synodaljahre an unserm lieben Waisenheim genommen haben. Wir freuen uns, daß uns aus den Grenzen Ihrer Synode die schöne Summe von $427.54 zugeflossen ist. Wenn dieses auch noch nicht offiziell bekannt ist, wird man es dem Unterzeichneten wohl zu gute halten, daß er dieses aus dem Jahresberichte des Schatzmeisters der reformirten Waisenheimath von Ft. Wayne, Ind., entnimmt. Mit der Zahl der Waisenkinder aus Ihrer Mitte scheint sich auch dieser Segen vermehrt zu haben.

Die Verhandlungen unserer Synode vom letzten Jahre, welche wir uns erlauben Ihnen zu übermitteln werden Ihnen weitere Einsicht in unsere Arbeit geben.

Indem wir Ihnen Gottes reichen Segen für Ihre Verhandlungen wünschen, versichern wir Sie auf's Neue unserer christlichen Liebe und Hochachtung. Es ist unser herzlicher Wunsch diese gegenseitige Liebe und Gemeinschaft auch weiter zu pflegen und zu fördern. Wir begrüßen Sie als Arbeiter an demselben Werke, an welchem wir arbeiten, als Diener desselben Königs, welchem wir dienen, als Mitgenossen der Arbeit und als Erben derselben Verheißung mit uns. Amen.

Im Namen und Auftrage der Deutschen Reformirten Synode des Nordwestens der Reformirten Kirche in den Vereinigten Staaten zeichnet in aufrichtiger Bruderliebe

C. F. Kriete, Vorsitzer.

Ft. Wayne, Indiana, den 10. Sept. 1889.

II. Bericht des Ausschusses über Korrespondenz mit Schwester-Synoden.

Folgende Dokumente wurden ihrem Ausschusse überwiesen.

I. Die gedruckten Verhandlungen und ein Begrüßungsschreiben vom Vorsitzer der Ehrw. Synode des Nordwestens, in welchem derselbe besonders seine Freude kund gibt, daß aus den Grenzen unsrer Synode die schöne Summe von $427.54 der Waisenheimath zugeflossen sind.

II. Ein Begrüßungsschreiben von den Beamten Ehrw. Central-Synode, die gedruckten Verhandlungen vom Jahre 1888, ein offizieller Auszug aus den Verhandlungen vom Jahr 1889; sowie eine offizielle Bescheinigung von der abgehaltenen Wahl der Ehrw. Central-Synode für einen Professor für's Missionshaus.

Aus obigen Dokumenten sind folgende Punkte besonders beachtenswerth.

1. Die Central-Synode erklärt Seite 14, Punkt 4 „ein halb offizielles Schreiben vom Präsidenten dieser Synode erhalten zu haben."

Ihr Ausschuß kann die Richtigkeit dieses Wortes „halboffiziell" nicht anerkennen, da der Präsident der Synode des Ostens im Namen und Auftrage der Synode so berichtet und geschrieben hat.

2. Ihr Ausschuß empfiehlt die Beschlüsse 2. und 4. in dem offiziellen Auszug aus den Verhandlungen Ehrw. Central-Synode zu den unsrigen zu machen.

3. Die Ehrw. Central-Synode versammelt sich am 4ten September 1890 Abends ½8 Uhr in der Ersten Deutschen Reformirten Kirche in Cincinnati, Ohio.

4. Die Ehrw. Synode des Nordwestens versammelt sich am 25. September 1889 zu Riceville, Wis.

Achtungsvoll vorgelegt

M. Heinze,
C. Brunner,
H. Berge.

Der Bericht wurde entgegengenommen und punktweise erledigt wie folgt:

Beschlossen die Beamten unserer Synode zu beauftragen die Begrüßungsschreiben von den beiden Schwester-Synoden auf brüderliche Weise zu erwidern.

Punkte 1. 3 und 4 wurden angenommen.

Punt 2. Der zweite Beschluß aus dem offiziellen Auszug der Verhandlungen der Ehrw. Central-Synode lautet:

Beschlossen den Antrag der Visitationsbehörde des Missionshauses zu genehmigen, und demgemäß den Professor J. Van Haagen, D. D., von der Professur der historischen zur Professur der exegetischen Theologie zu versetzen. Synode schließt sich obigem Beschluß an.

Der vierte Beschluß aus dem offiziellen Auszug der Verhandlungen Ehrw. Central-Synode hat Bezug auf die Unterstützung der Wittwe und Familie des verstorbenen Professors Heinrich Kurtz, D. D. Diese Angelegenheit wurde auf den Tisch gelegt bis der Ausschuß über das Missionshaus berichtet. (Siehe Art. 15.) Der Bericht wurde als Ganzes angenommen.

Artikel X.

Gottesdienste.

Alle Sitzungen der Synode wurden mit gottesdienstlichen Uebungen begonnen und geschlossen.

Folgende Gottesdienste und erbaulichen Versammlungen wurden gehalten nach dem

Bericht des Ausschusses für Gottesdienste

welcher am Donnerstag Nachmittag erstattet und von der Synode angenommen wurde. Der Bericht lautet:

Ihr Ausschuß für Gottesdienste berichtet achtungsvoll folgende Anordnungen:

In der Emanuel's Kirche.

Mittwoch den 18. September, Abends 8 Uhr, Eröffnungspredigt von Pastor J. Külling, D. D.

Donnerstag den 19. September Abends 8 Uhr, Lesen und Besprechung des Referats: „Was ist die Aufgabe und Bedeutung der evangelischen Predigt für die Gegenwart." Referent: Pastor A. E. Dahlmann.

Freitag den 20. September, Abends 7 Uhr, Begrüßung und Ansprache des Herrn Konsistorialrathes Dr. Herman Dalton von Berlin an die Synode. Abends 8 Uhr Vorbereitungspredigt für das heilige Abendmahl von Pastor N. Wiers.

Samstag den 21. September, Abends 8 Uhr, Lesen und Besprechung des Referates: „Was können Prediger und Gemeinde-Organe thun, zur Hebung des kirchlichen Lebens." Referent: Pastor W. L. Elterich.

Sonntag den 22. September, Vormittags $10\frac{1}{2}$ Uhr Abendmahlsfeier. Predigt von Pastor G. Facius. Nachmittags 2 Uhr, Sonntagsschule. Ansprachen von den Pastoren M. Bachmann, M. Oschikawa und A. E. F. Schade.

Abends $7\frac{1}{2}$ Uhr, Synodal-Missionsfest. Festreden von Konsistorialrath Dr. Herman Dalton und Pastor M. Oschikawa, Missionar in Japan.

In anderen Kirchen.

Reformirte Salems Kirche, Sonntag Vormittag Pastor N. Wiers.

Reformirte Zions Kirche, Sonntag Vormittag Pastor M. Heinze.

Reformirte Bethlehems Kirche, Sonntag Vormittag Pastor J. F. H. Dieckmann, D. D.

Reformirte St. Markus Kirche, Sonntag Vormittag Pastor W. L. Elterich.

Reformirte Emanuels Kirche, Bridesburg, Pastor C. Brunner.

Reformirte St. Johannes Kirche, Pastor C. Kuß.

Reformirte St. Lukas Kirche, Pastor W. Walenta.

Presbyterische Corinthian Ave. Kirche, Pastor J. Herold.

Achtungsvoll
A. E. Dahlmann,
P. Wienand,
Jakob Longendörfer.

Artikel XI.
Klassikalverhandlungen.

Der betreffende Ausschuß berichtete Freitag Nachmittag. Der Bericht lautet:

Ihr Ausschuß für Klassikal-Verhandlungen berichtet wie folgt:

I. Unregelmäßigkeiten.

1. Die West Pennsylvania Klassis berichtet daß ein Quorum anwesend sei und prüft erst nachher die Beglaubigungsschreiben der Aeltesten.

2. Dieselbe Klassis erhält ein Gesuch von der Zionsgemeinde ihren Namen von der Liste zu streichen, und berichtet nachher, der Beschluß wurde angenommen, und beschlossen die Gemeinde nicht anzunehmen.

3. Die deutsche Philadelphia Klassis nimmt einen exkommunizirten Pastor auf der nicht Glied der Klassis war, und setzt ihn in die Rechte der Gliedschaft ein.

4. Die deutsche Maryland Klassis unterläßt eine ordnungsmäßige Abschrift ihres Protokolls einzusenden.

5. Die West Pennsylvania Klassis unterläßt die Randglossen zu machen im Protokoll um die Synode aufmerksam zu machen auf überwiesene Gegenstände.

II. Gesuche und Empfehlungen.

1. Die New York Klassis ersucht Ehrw. Synode zu entscheiden, ob die getauften Kinder von Eltern die nicht zur Gemeinde gehören in der Statistik unter der Rubrick Nichtkonfirmirte aufgeführt werden sollen oder nicht.

2. Die West New York Klassis macht Ehrw. Synode aufmerksam auf den Waisenverein.

3. Dieselbe Klassis ersucht Ehrw. Synode Schritte zu thun um Antheil an der Verwaltung des Waisenhauses zu Fort Wayne, Ind., zu erlangen.

4. Dieselbe Klassis ersucht Ehrw. Synode dahin zu wirken daß unsere Zeitschriften in Zukunft populärer erscheinen.

III. Appellationen und Beschwerden.

Der frühere Pastor H. C. Heyser von der New York Klassis appellirt an die Synode, da er mit der Entscheidung der Klassis in seiner Angelegenheit nicht zufrieden ist.

IV. Beschlüsse der Klassen über an sie verwiesene Gegenstände.

1. Die Empfehlungen der Synode wurden von allen Klassen berücksichtigt.

2. Alle Klassen haben über die von der General-Synode vorgelegte Kirchenordnung gehandelt sowie alle übrigen die Klassen betreffenden Beschlüsse berücksichtigt.

V. Examination, Licensur, Ordination, Aufnahmen und Entlassungen.

1. Die New York Klassis entsetzt Pastor H. E. Heyser des Predigtamtes.

2. Dieselbe Klassis nimmt Pastor Johannes Külling, D. D. von der deutschen Philadelphia Klassis unserer Synode auf.

3. Dieselbe Klassis nimmt die aus den Trümmern der Salems Gemeinde neu gegründete Bethanien Gemeinde in ihren Verband auf.

4. Die deutsche Philadelphia Klassis nimmt Pastor Paul Wienand auf von der Zions Klassis der Synode des Nordwestens, und entläßt Pastor Johannes Külling, D. D., an die New York Klassis (östliche Synode).

5. Die West New York Klassis examinirt und licensirt die Studenten der Theologie W. Bollmann und Ed. Wenz.

6. Die deutsche Maryland Klassis nimmt Pastor Aug. Günther von der Sommerset Klassis der Pittsburg-Synode und Pastor A. E. Schade von der Erie Klassis, Central-Synode, auf in ihren Verband.

VI. Zeit und Ort der nächsten Versammlungen.

1. Die New York Klassis versammelt sich am letzten Dienstag im Monat Juni 1890, Abends 8 Uhr in der evangelisch-reformirten St. Paulus Gemeinde, Milltown, N. J. Vorsitzer Joh. Külling, D. D., E. Brunner, Schreiber.

2. Die West New York Klassis versammelt sich am 3ten Donnerstag nach Pfingsten, Abends 8½ Uhr in der St. Paulus Gemeinde zu Titusville, Pa. Vorsitzer, J. F. H. Dieckmann, D. D., Schreiber, Johann Röck.

3. Die deutsche Philadelphia Klassis versammelt sich am 2ten Dienstag nach Pfingst-Sonntag, Abends 8 Uhr 1890, in der Reformirten St. Johannes Kirche in Lancaster, Pa. Vorsitzer, P. H. Dippell, Schreiber, A. E. Dahlmann.

4. Die deutsche Maryland Klassis versammelt sich am letzten Dienstag im April 1890, Abends 8 Uhr, in der Immanuels Kirche, Baltimore, Md. Vorsitzer, W. L. Elterich. Schreiber, J. E. Hauser.

5. Die deutsche West Pennsylvania Klassis versammelt sich am Mittwoch vor Pfingsten (1890), 2 Uhr Nachmittags in der St.

Petri Gemeinde in Middle-Lancaster, Pa. Vorsitzer, C. A. Limberg, Schreiber J. Herold.

Achtungsvoll vorgelegt

W. Walenta,
J. Herold,
Johann Lutz.

Der Bericht wurde entgegengenommen und punktweise erledigt wie folgt:

Punkt I. 1–5 wurden angenommen.

Punkt II. 1. angenommen und die Angelegenheit dem Ausschuß zur Aufstellung von Themata zur Besprechung für nächstes Jahr, überwiesen; 2 und 3 an den Ausschuß für die Waisensache, und 4 an den für Publikation verwiesen.

Punkt III. wurde einem Spezial-Ausschuß überwiesen, bestehend aus den Pastoren M. Bachmann, P. Wienand und Aeltester C. R. Mennig. Bericht und Handlung der Synode darüber zu lesen unter Art. XVII.

Punkt IV. 1—2. Angenommen.

Punkt V. 1—6. Angenommen.

Punkt VI. 1—5. Angenommen.

Der Bericht wurde als Ganzes angenommen.

Artikel XII.

Examination, Licensur und Ordination.

Der Ausschuß berichtete in der Samstag Vormittag-Sitzung wie folgt:

Ihr Ausschuß für Examination, Licensur und Ordination möchte achtungsvoll berichten, daß der Student Hermann Wiemer, vom theologischen Seminar der Presbyterianer-Kirche in Bloomfield, N. J., der von der Synode an uns verwiesen worden ist, geprüft wurde.

Die Entlassungspapiere des jungen Bruders an unsere Kirche waren in Ordnung, und das Examen befriedigend.

Wir empfehlen deßhalb, daß der Applikant von dieser Synode licensirt werde, das Evangelium zu predigen, ferner daß er zur Ordination an die Deutsche Philadelphia Klassis unserer Kirche verwiesen werde, da er einen Ruf als Pastor von einer ihrer Pfarrstellen erhalten hat.

Der Ausschuß,
J. Külling,
A. E. Schade,
C. R. Mennig.

Der Bericht wurde angenommen und die Beamten der Synode beauftragt, dem Studenten H. Wiemer ein Zeugniß seiner Licens das Evangelium zu predigen auszustellen.

Artikel XIII.
Kirchlich-Religiöse Zustände und Statistik.
Religionsbericht.

Geliebte Brüder in Christo!

Es geziemt sich, in diesem Bericht zuerst dem Herrn, unserem Gott, Lob, Preis und Dank darzubringen für seine unveränderliche Treue, in der er seinen Bund hält und Unwürdige trägt. Das Edelste in den Religionsberichten ist doch am Ende das Danken und Preisen der Gnade Gottes in Christo, das Vertrauen auf seine Güte, und das Anerkennen seines gnädigen Waltens in der Gemeine.

Geht man durch ein weites Gebiet, so geht es gewöhnlich nicht eben fort, sondern auf und ab. Bald ist man in der Höhe und athmet leicht, bald in der Tiefe mit unübersteiglich scheinenden Bergen vor sich; die Luft ist schwül, das Athmen schwer. Diese Abwechslung findet sich auch in dem religiösen Zustand der verschiedenen Berichte unserer Klassen. Erstrecken sich diese doch über das Gebiet von sechs größeren und kleineren Staaten der atlantischen Küste entlang. Kein Wunder, daß die Berichte Mannigfaltiges bieten, wie es über Berg und Thal von Maryland bis Massachusetts, vom atlantischen Meer bis an den Ohio, der Veränderungen viele gibt.

Es gehört zum leichten Athmen auf der Höhe, wenn berichtet wird, daß das Wort Gottes aus dem Munde seiner Knechte durch den Trieb des heiligen Geistes nicht unbezeugt geblieben ist an vielen, die es gehört; daß man dem Herrn danken kann für den Segen, den er im letzten Jahr so reichlich ausgegossen hat; daß der Lobeton den Klageton übertönt; daß im Ganzen genommen über den Besuch des Gottesdienstes günstig berichtet wird. Auch die Thätigkeit verschiedener Vereine in den Gemeinden wird gerühmt, besonders da sie zum großen Theil helfen für den nervus rerum der äußeren Existenz zu sorgen, obwohl die Art und Weise der Thätigkeit gewöhnlich nicht angegeben ist. Die Sonntagsschulen wirken im Segen, und werden zum Theil als in blühendem Zustande dargethan. Mit erleichtertem Herzen wird auch von Verminderung drückender Kirchenschulden und Verschönerung von Gotteshäusern geredet.

Hier ist gut sein; da möchte man Hütten bauen. Aber es geht wieder hinab in die Tiefe, wo die Luft schwül, das Athmen schwer ist. Es wird geklagt, daß manche im Wort und Sakrament keinen Segen gefunden, weil sie diese Schätze und Gaben gering geachtet haben. Lauheit und Trägheit wird betrauert. Mängel und Hindernisse werden berührt. Mangelhafter Besuch, besonders der Abendgottesdienste wird erwähnt. Man klagt darüber, daß oft alles Predigen vergeblich scheine. Man seufzt wie der Prophet: Herr, wer glaubt unserer Predigt, und wem wird der Arm des

Herrn geoffenbaret? Zu wenig Lehrer in der Sonntagsschule, weil die Mühe verdrießt, an anderen zu arbeiten. Dazu lassen manche Statistiken eher auf eine Verminderung, als auf eine Zunahme der Gliederzahl schließen. Trübe Erfahrungen, heiße Kämpfe, Stillstand oder gar Rückgang und dergleichen, sind Dinge, die in den Berichten auch angedeutet werden.

Wie wir sehen, wird da Verschiedenes gesagt, Licht und Schatten erwähnt, oft aber in solcher allgemeinen Weise, daß es nicht immer recht klar wird, in wie weit sich die Gemeinden und Glieder bewußt sind, ob sie mit Leib und Seele, im Leben und im Sterben nicht sich selbst, sondern ihrem Heilande Jesu Christo angehören; ob sie ihre Seligkeit schaffen mit Furcht und Zittern; ob sie jagen nach dem vorgesteckten Ziel, nach dem Kleinod, welches vorhält die himmlische Berufung Gottes in Christo Jesu. Philipper 3. 14. In wie weit das Fleisch sammt den Lüsten und Begierden gekreuziget und nicht nur im Herzen geistlich gefühlt, sondern auch im Geiste gewandelt wird (Galater 5.), sodaß die Früchte des Geistes als da sind: Liebe, Freude, Friede, Geduld, Freundlichkeit, Gütigkeit, Glaube, Sanftmuth, Keuschheit sich zeigen, tritt in den Berichten nicht mit der Sicherheit hervor, welche ein fröhliches, frisches Christenthum und ein gesundes, kräftiges Kirchenthum eingeben würden.

Das christliche und kirchliche Leben kann natürlich mit verschiedenem Maßstab gemessen werden, aber es kann uns dabei doch am Ende nur auf den Maßstab des Wortes Gottes ankommen, welches ein geistgesalbtes Christenthum und lebendige Glieder der Kirche haben will. So lehrt uns schriftmäßig auch der Heidelberger Katechismus in seiner 32. und 54. Frage.

Mit diesem Maßstab gemessen, scheint Vieles nicht zu sein, wie es sein sollte. Manches läßt sich zwischen den Zeilen lesen, das nicht direkt in Worten ausgedrückt ist. Micha's Jammer durchzieht wohl das Herz manches Seelsorgers: Ach wehe! mir gehts wie Einem nach der Obsternte, oder der im Weinberg nachlieset, da man keine Trauben findet zu essen, und wollte doch gerne die besten Früchte haben. Kap. 7. 1. Und David's Seufzer quillt tief aus der Seele: Ach, daß die Hülfe aus Zion über Israel käme, und der Herr sein gefangen Volk erlösete! So würde Jakob fröhlich sein, und Israel sich freuen. Psalm 14, 7.

Es giebt allerdings manche unbewußte, oder wir möchten sagen schlummernde Elemente im christlichen und kirchlichen Leben, aber wir können am Ende doch erst dann recht fröhlich sein und uns freuen, wenn diese Elemente durchdringen zu der biblischen Klarheit: wir wissen, daß wir aus dem Tode in das Leben gekommen sind. 1. Joh. 3, 14. Oder: ich bin gewiß, daß weder Tod noch Leben, weder Engel noch Fürstenthum, noch Gewalt, weder Gegenwärtiges noch Zukünftiges, weder Hohes noch Tiefes, noch keine andere Cre=

atur, mag uns scheiden von der Liebe Gottes, die in Christo Jesu ist, unserm Herrn. Röm. 8, 38. 39.

Kann auch die Kirche noch nicht im Ganzen zu dieser Klarheit eines selbstbewußten lebendigen Christenthums durchdringen, thun wir doch wohl daran, wenn wir uns unser erhabenes Ziel um so kräftiger vor die Augen malen, je mehr es in Gefahr steht von einem weltlichen Christenthum verwischt zu werden.

Möge der treue Herr recht Viele in unseren Gemeinden zu dieser Klarheit und Gewißheit durch seines Wortes und Geistes Kraft führen! Er allein kann und muß es thun. Ihm allein gebührt auch die Ehre des sich zeigenden göttlichen Lebens.

Unsere Wächter stehen nicht alle auf Zions Mauern. Einer unserer Prediger sah sich in Folge seines leidenden Zustandes genöthigt, sein seitheriges Arbeitsfeld aufzugeben. Einige konnten wegen Krankheit für längere oder kürzere Zeit ihres Amtes nicht warten. Zwei haben sich schon früher Alters halben vom aktiven Amte zurückgezogen. Zwei stehen außer Landes. Drei sind ohne Gemeinden. Einer starb in Verbindung mit einer andern Synode unserer Kirche, nachdem er kurz vorher von einer unserer Klassen dahin entlassen worden war, und einer wurde vom Amte abgesetzt.

Unsere Zeit ist kurz, unsere Zahl klein, unser Feld groß. Ruhe winkt dort oben. Unterdessen rufen wir uns zu:

>Wirke am Tage, noch viel ist zu thun.
>Ueber ein Kleines, so werden wir ruh'n.

Achtungsvoll vorgelegt,
J. Külling,
P. H. Dippell,
Martin Höngen.

Der Bericht wurde angenommen.
Die Statistik siehe am Schluß der Verhandlungen.

Artikel XIV.
Mission.

I. Bericht der Behörde für Einheimische-Mission der deutschen Synode des Ostens.

Fünfzehnter Jahresbericht.

Geliebte Brüder in Christo! Als Verwalter der Missionssache innerhalb der Grenzen unserer Synode, ist es uns abermals zur Pflicht geworden, Rechenschaft zu geben von unserm Haushalten. Obschon wir keine außerordentlichen Ereignisse zu berichten haben, dürfen wir dennoch bekennen, Gott hat sich nicht unbezeugt gelassen; Er hat zu unserer Arbeit und zur Arbeit unserer Missionare Muth und Kraft verliehen und wenigstens bei einem Theil unserer Gemeindeglieder die Liebe zur Sache erhalten, wofür Ihm allein die Ehre gebührt.

Die Behörde hat während des verflossenen Jahres nebst den regelmäßigen Vierteljahrsversammlungen auch mehrere Spezialversammlungen gehalten und überhaupt viel Sorge und Arbeit gehabt. Die Zahl unserer Missionen hat sich vermehrt und ist gegenwärtig höher als je zuvor. Am östlichen Ende der Stadt Brooklyn und in Jacksonville, im Bereiche der Deutschen Maryland Klassis, wurden neue Missionen gegründet und mit Missionaren versehen. Letzteres können wir ebenfalls berichten von der St. Lukasgemeinde in Philadelphia, die längere Zeit verwaist gewesen und der Behörde viel Sorge und Kummer bereitet hat. Leider ist es trotz ernstlicher Bemühungen der Behörde bis jetzt noch nicht gelungen, für die Zwingli=Gemeinde in Harrisburg einen Missionar zu gewinnen. Ein Zögling unseres Missionshauses in Wisconsin hatte versprochen, den Dienst dieser Gemeinde Mitte Juli anzutreten; da er aber inzwischen zum Lehrer im Missionshause berufen ward, nahm er sein Versprechen zurück. Die „Ursinus Union" trägt jährlich $200 zur Unterstützung dieser Mission bei.

Die von der Synode angenommenen Regeln zur besseren Betreibung des Missionswerkes sind wohl geeignet, wenn gehörig beobachtet, dasselbe zu fördern. Die Behörde hat ebenfalls Formulare für die verschiedenen Berichte der Missionare drucken lassen, die das Berichterstatten den Missionaren und der Behörde erleichtern und den Berichten mehr Regelmäßigkeit und Vollständigkeit ertheilen. Dadurch wird die Behörde in den Stand gesetzt, ausführlicher und rechtzeitig an die Synode zu berichten. Diese Maßnahme machte eine andere nöthig. Früher nahm das Zahl= oder Rechnungsjahr mit dem ersten April seinen Anfang; dieses wurde nun auf den ersten Juli verlegt, so daß das Rechnungsjahr und das Ausfertigen der Jahresberichte auf gleiche Zeit fallen. Dies gibt der Behörde Zeit, ihren Bericht an die Synode rechtzeitig und vollständig zu verfassen und zu prüfen. Die Missionare werden nicht versäumen, diese Veränderung zu beobachten und ihre Berichte regelmäßig am Ende eines jeden Vierteljahrs, den Jahresbericht aber am ersten Juli, und zwar, wie die Behörde beschlossen hat, an ihren Vorsitzer zu senden, damit man weiß, ob die Berichte alle eingegangen sind und wann Versammlung gehalten werden kann. Der beigefügte statistische Bericht kann ebenfalls als ein Fortschritt in dieser Richtung betrachtet werden. Zunächst lassen wir ein kurzes Verzeichniß unserer Missionsgemeinden folgen, indem wir sie einzeln und ihrem Alter nach aufführen.

1. Trinitatisgemeinde in der Bundeshauptstadt Washington. Diese wurde im Dezember 1867 gegründet, besteht demnach schon nahezu 22 Jahre und ist unsere älteste Mission. Sie

wird sei 2½ Jahren von Pastor W. L. Elterich bedient. Vor ihm haben schon vier andere Pastoren theils gut, theils erbärmlich schlecht an ihr gearbeitet. Die Gemeinde bedarf ein neues Gotteshaus, wofür bereits Vorkehrungen getroffen werden, andernfalls würde sie sich in finanzieller Hinsicht für selbstständig erklären.

2. **Emanuelsgemeinde**, im östlichen Distrikt von Brooklyn, früher Williamsburg, N. Y. Missionar: Pastor W. Walenta. Gegründet im Jahr 1877. Auch diese Gemeinde hat schon den fünften Pastor und mehrfache Niederlagen erlitten. In den letzten zwei Jahren, seitdem der jetzige Pastor sie bedient, hat sie sich wieder bedeutend erholt und die Missionsunterstützung aus freien Stücken um die Hälfte reducirt. Ein Beweis, daß sie Willens ist, sich selbst zu helfen.

3. **Zionsgemeinde**, Baltimore, Md., Pastor: Gustav Facius. Diese Gemeinde ist schon in 1874 ins Leben getreten, mußte aber nach einer schweren Niederlage in 1880 mit nur 50 Gliedern neu organisirt werden. Ihr Pastor arbeitet mit Fleiß und Treue, auch mit großer Selbstverläugnung an deren Aufbau. Die Gehaltszulage ist gering und würde schon aufgehört haben, wenn nicht eine schwere Kirchenschuld auf der Gemeinde lastete.

4. **Martha-Memorialgemeinde** in der Stadt New York. Pastor: Friedrich Fox. Gegründet in 1881 mit 12 Gliedern. Wenn man bedenkt, wie überaus schwer es hält in einer großen Weltstadt, wo der religiöse Zustand auf dem Gefrierpunkt steht und das Kirchenbauen äußerst kostspielig ist eine Gemeinde aufzubauen, so muß zugegeben werden, Pastor Fox hat nicht ohne Segen gearbeitet. Die Gemeinde besitzt an der 52. Straße, zwischen der 9. und 10. Avenue, ein schönes Gotteshaus, das sie großentheils der Liberalität des Aeltesten und Bauunternehmers J. Ruck zu verdanken hat. Gleichwohl ruht auf demselben noch eine Schuld von $25,000. Diese aufstrebende Gemeinde hat von ihren Schwestergemeinden nicht die Handreichung und Theilnahme empfangen, welche ihr von rechtswegen gebührt. Es ist jedoch noch nicht zu spät. Warum kann nicht in jeder unserer Gemeinden eine Kollekte für sie gehoben werden?—

5. **Zionsgemeinde**, Reading, Pa., Pastor: L. K. Derr. Gegründet im August 1881 mit 30 Gliedern. Die Gründung dieser Gemeinde wurde von unsern englischen Amtsbrüdern in Reading angeregt, welche versprachen, die Mission zu unterstützen und sie bisher unterstützt haben. Sie erklärten von vornherein, ein Missionar mit einer Familie könne mit weniger als $800 per Jahr nicht auskommen. Diese Summe wurde bewilligt, aber von Jahr zu Jahr verringert, so daß die Unterstützung gegenwärtig nur noch $150 beträgt und mit dem eingetretenen Finanzjahr gänzlich aufhört. Bruder Derr mußte ganz unten, d. h. mit n i c h t s anfangen und hat in acht Jahren eine schöne lebendige Gemeinde gesammelt,

Kirche und Pfarrhaus gebaut und bis auf $500 ganz bezahlt. Wenn jeder Missionar in so kurzer Zeit und mit der gleichen Unterstützungssumme zu Stande brächte, was er zu Stande gebracht hat, dürfte die Kirche dankbar sein.

6. **St. Lukasgemeinde, Philadelphia.** Missionar, seit 10 Monaten: Pastor Paul Wienand. Diese Gemeinde war geraume Zeit ein rechtes Schmerzenskind der Behörde. Sie wurde in 1882 gegründet, unabhängig von der Behörde. Aber verfehlte Predigerwahlen, häufiger Predigerwechsel und finanzielle Schwierigkeiten drohten ihr den Untergang. Ihre Finanzen sind nun geordnet und zum Aufbau der Gemeinde ist neuer Grund gelegt. Bruder Wienand brachte eine neue Organisation zu Stande und hat aus 300 Gliedern etwa 70 gerettet. Er arbeitet im Segen. Die Gottesdienste werden gut besucht und die Gemeinde wächst.

7. **Clarence Pfarrstelle.** Besteht aus zwei Gemeinden im Bereiche der West-New-York Klassis und wird seit 1885 von Pastor F. Schaad bedient. Diese Gemeinden wurden schon in 1859 gegründet, aber früher sehr vernachlässigt. Da die Gemeinden nicht im Stande waren, ihren Pastor hinlänglich zu unterstützen, dazu noch in Clarence eine neue Kirche gebaut werden mußte, hat die Behörde dem Bruder Schaad, auf das dringende Gesuch seiner Klassis hin, eine Gehaltszulage von $100 bewilligt. Leider sind in den letzten Jahren mehrere der Hauptglieder gestorben.

8. **St. Johannisgemeinde, Philadelphia.** Missionar: Pastor J. Vögelin, welcher die Gemeinde in 1886 gegründet hat. Sie befindet sich im nördlichen Theil, im Weichbilde der Stadt. Die Gegend wird stark angebaut, aber die Gemeinde wächst nur langsam. Doch besteht bis jetzt noch keine andere deutsche Gemeinde in der ganzen Umgegend, so daß der Missionar zum Missioniren ein unbestrittenes Feld hat. Die Gemeinde besitzt bereits ein werthvolles Kircheneigenthum, hat aber auch eine schwere Schuld zu verzinsen und kann wenig gegen den Gehalt ihres Pastors beitragen. Die Sonntagsschul-Union und die Reformirte Union, Vereine unserer deutschen Gemeinden in der Stadt, helfen den Missionar unterstützen.

9. **Zwingligemeinde, Harrisburg.** Bis zum Monat Februar d. J. von Pastor G. P. Seibel bedient, seitdem vakant; wird jedoch, wie schon bemerkt, bald wieder mit einem Pastor versehen werden. Die Gemeinde besteht schon viele Jahre und besitzt eine recht nette backsteinerne Kirche, wurde aber durch häufigen Predigerwechsel und andere ungünstige Verhältnisse am Wachsthum sehr gehindert. Eben darum, weil sie schwach ist, sollte sie unterstützt und sorgfältig gepflegt werden. Kein Bericht.

10. **Jacksonvillegemeinde,** etwa 20 Meilen von Baltimore. Im April 1888 gegründet mit 23 Gliedern, und seit-

dem von Pastor C. Borchers bedient. Obgleich der Zahl nach schwach, hat diese Gemeinde doch schon Kirche und Pfarrwohnung gebaut und einen Gottesacker erworben. Pastor Bochers arbeitet unter diesen Leuten mit großer Selbstaufopferung.

11. Bethaniengemeinde, Brooklyn, (N. Y.) 26. Ward. Gegründet im April 1889 von Dr. J. Külling, der seitdem an ihrem Aufbau arbeitet. Die New York Klassis besaß ein Vermächtniß zu diesem Zwecke, kaufte dafür ein Grundstück und ließ eine Kapelle darauf bauen. Der Ort ist etwa 10 Meilen von New York entfernt und wird hauptsächlich von Deutschen stark angebaut. Mit Gottes Hülfe kann hier mit der Zeit eine gute Gemeinde gesammelt werden, aber es kostet Mühe.

12. Die Emigrantenmission im Hafen der Stadt New York. Missionar: Pastor C. H. Ebert. Diese Mission wird von der Behörde der Generalsynode mit jährlich $600 unterstützt, diese hat aber ihre Beaufsichtigung an unsere Behörde übertragen. Einzelne Glieder der letzteren haben die Mission von Zeit zu Zeit besucht; allein es hält schwer, durch jeweilige Besuche sowohl, als aus den Berichten des Missionars genaue Einsicht in dieselbe zu gewinnen. Ihre Wirksamkeit wird von etlichen gerühmt, von andern dagegen gering geschätzt und getadelt. Der Hauptfehler ist wohl der, daß der Missionar seinen Posten zu seinem persönlichen Nutzen auszubeuten sucht. Er läßt in den verschiedenen deutschen Gemeinden der Stadt und Umgegend Kollekten erheben und sammelt allerwärts freiwillige Gaben vorgeblich für arme Einwanderer, ohne über Einnahmen und Ausgaben Bericht zu erstatten, wie ihm von der Synode in Rochester aufgetragen wurde. Nur für drei Monate hat er für je einen Monat über $70 in der „Kirchenzeitung" angezeigt. Wir empfehlen das Verlesen eines Schreiben des Pastor Schatz, sowie die Bemerkungen des Schatzmeisters der Generalbehörde darüber.

Wünsche und Rathschläge.

Aus Obigem ist ersichtlich, daß unsere Synode nun elf Missionen zählt. Die Vermehrung ihrer Zahl erfordert vermehrte Beiträge. Die Behörde wäre nicht im Stande gewesen, ihren bisherigen Verpflichtungen gegen die Missionare nachzukommen, wenn ihr nicht jährlich $800 aus verschiedenen Nebenquellen zugeflossen wären. Bedenken wir es doch in Zeit, daß für unsere Synode und für unsere Kirche überhaupt kein Zweig kirchlicher Thätigkeit so wichtig und so nothwendig ist, wie das einheimische Missionswerk. „So aber Jemand die Seinen, sonderlich seine Hausgenossen, nicht versorgt, der ist —" (Man lese die Stelle 1. Tim. 5, 8 in der Bibel nach.)

Der Bericht des Schatzmeisters wird den Nachweis liefern, wie viel jede Klassis und jede Gemeinde im letzten Jahr für die Mission beigesteuert hat. Man begegnet hier der größten Ungleichheit. Viele vergessen ihre Vergangenheit, vergessen, daß sie einst selbst Missionsgemeinden waren und die Missionsgaben Anderer hundert- und tausendweise gezogen haben. Nicht einmal die Zinsen zahlen sie zurück, geschweige die Hauptsumme, was billig geschehen sollte, besonders wenn die Gemeinden sich in guten Umständen befinden. Im Grunde ruht die ganze Last auf etlichen Gemeinden, die vielleicht niemals Missionsunterstützung bekommen haben und doch ohne Murren und ohne Klagen jährlich ihre Hunderte opfern. In der Regel klagen diejenigen am meisten, die am wenigsten thun und doch am meisten zu sagen haben.

Unsere englischen Brüder waren Jahre lang bestrebt, die Sonderinteressen auf ihrem Missionsgebiet zu vereinigen. In unserer Synode ist das vom Anfang an geschehen, unsere Missionsthätigkeit war eine einheitliche, bis eine unserer Klassen vor zwei Jahren den Beschluß faßte, ihr Missionsgeld selbst zu verwenden, nur weil die Behörde sich weigerte zu thun, was sie ihren Grundsätzen gemäß nicht thun konnte; nämlich eine alte, schwache Gemeinde unterstützen, die kein Wachsthum versprach. Diesem gefährlichen Beispiel folgte vor Kurzem eine andere Klassis deren sämmtliche Gemeinden früher Missionsunterstützung empfangen haben; ohne daß ihr je eine Bitte von der Behörde wäre abgeschlagen worden, hat sie beschlossen, zwei Drittheile ihrer Missionsgaben zurückzuhalten und selbstständig Mission zu treiben.

Die Synode thut wohl daran, wenn sie solcher Willkür und Zerfahrenheit frühzeitig zu steuern sucht; denn wenn einmal ein solcher Geist, der die Autorität der Synode verachtet und ihren guten Verordnungen ohne Scheu zuwider handelt, die Oberhand gewinnt, dann ist es nicht nur um unsere kirchliche Einheit, sondern ebenfalls um unser Missionswerk geschehen, dann braucht die Synode keine Missionsbehörde mehr.

Schließlich ersucht die Behörde achtungsvoll die Synode, den Kollektanten der Hausmiethe in Wilmington anzuweisen, das Geld direkt in die Missionskasse zu zahlen, da dasselbe testamentarisch für diesen Zweck bestimmt ist.

Ferner ist noch zu melden, daß die Dienstzeit des Unterzeichneten als Mitglied der Behörde abgelaufen ist; und so nahe die Missionssache ihm am Herzen liegt, verbittet er sich dennoch unter obwaltenden Umständen eine Wiederwahl.

Philadelphia, den 4. September 1889.

R. Gehr, Vorsitzer.

Obiger Bericht wurde von der Behörde geprüft und angenommen.

P. H. Dippel, Schreiber.

Statistische Tabelle der Missionen unter Aufsicht der Deutschen Synode des Ostens. 1889.

Ortlichkeit	Klassikal-Verband	Missionar	Wann gegründet	Konfirmirte Glieder	Nichtkonfirmirte Glieder	Getauft	Konfirmirt	Glieder aufgenommen	Sonntagsschulen	Schülerzahl	Werth des Kircheneigenthums	Schulden	Liebesgaben	Für eigenen Bedarf	Bewilligt in 1888	Bewilligt für 1889
Washington City	Deutsche Maryland Klassis	A. L. Etterich	1867	215	85	53	10	33	1	50	$ 12,000	$	$ 65.00	$ 968	$ 126	$ 115
Brooklyn, N. Y.	New York	B. Walenta	1877	223	251	95	32	54	2	351	15,000	4,500	220.00	2,879	300	200
Baltimore, Md.	Deutsche Maryland	Gustav Facius	1880	356	231	65	33	15	1	168	18,000	12,000	116.00	1,800	136	130
New York	New York	Friedrich Fox	1881	200	300	168	25	10	1	250	45,000	25,000	85.00	2,844	350	340
Reading, Pa.	Deutsche Philadelphia	Levi K. Derr	1881	400	160	36	10	51	1	200	12,000	500	224.00	2,000	300	150
Philadelphia, Pa.	"	Paul Wienand	188.	132	85	42	11	52	1	280	15,000	7,500	17.50	870	400	400
Clarence, N. Y.	West New York	Friedrich Schaab	1885	176	73	14	13	4	1	85	5,000	600	54.50	478	100	100
Philadelphia, Pa.	Deutsche Philadelphia	Johannes Wögelin	1886	98	45	26	5	12	1	120	18,000	11,825	10.00	500	600	540
Jacksonville, Md.	Deutsche Maryland	Conrad Borchers	1888	26	35	7	..	3	..	24	1,400	200	5.00	500	200	200
Ost New-York	New York	Dr. Johann Külling	1889	55	45	10	6	5	1	70	3,000	....	....	....	500	500
Harrisburg	Philadelphia	Basant	....	....	....	....	....	....	....	....	....	....	....	....	....	....
			1881	1313	1516	155	239	11	1638	11638	$144,400	$62,125	$796.00	$12,839	$3022	$2675

II. Jahresbericht des Schatzmeisters der Behörde für Einheimische Mission.

Geo. M. Ehrlen, Schatzmeister, in Rechnung mit der Missions-Behörde der Deutschen Synode des Ostens vom 1. Sept. 1888 bis 1. Sept. 1889.

Einnahmen.

New York Klassis.

Durch Pastor J. F. Busche, D. D., erste Kirche, N. Y.	$186.00	
" " C. Brunner, Bridgeport, Conn.	55.78	
" " F. Fox in N. Y.	10.00	
" " W. Walenta, Brooklyn N. Y.	94.75	
" " L. B. Schwarz, Boston, Mass.	5.00	
" " Carl Bank, New Brunswick, N. J.	16.00	
" " N. Wiers, Milltown, N. J.	49.90	
" " J. Külling, Brooklyn, N. Y.	34.88	
		$452.31

West New York Klassis.

Durch Pastor C. Gundlach, Rochester, N. Y.	$ 12.00	
" " Friedrich Schaab, Clarence, N. Y.	17.50	
" " Joh. Röck, Ebenezer, Erie Co., N. Y.	15.00	
" " Jakob Storer, Buffalo, N. Y.	10.00	
		$54.50

Deutsche Philadelphia Klassis.

Durch Pastor F. W. Berlemann, Salems Gem., Phila.	$251 00	
" Herrn Adam Pfromm, Zions Gemeinde, Phila.	220.00	
" Pastor J. G. Neuber, Bethlehems Gem., Phila.	28.00	
" " J. B. Kniest, D. D., Emanuels Gem., West Phila.	93.18	
" " J. B. Forster, Emanuels Gem., Bridesburg, Phil.	19.00	
" " A. E. Dahlmann, St. Paulus Gem., Phila.	33.50	
" " R. G. Aßmann, Gnaden Gem., Hazleton, Pa.	21.75	
" " G. A. Scheer, St. Markus Gem., Phila.	54.79	
" " L. K. Derr, Reading, Pa.	10.00	
" " G. P. Seibel, St. Johannes Gem., Lancaster, Pa.	6.40	
" " B. Wienand, St. Lukas Gem., Phila.	16.50	
" " J. Vögelin, St. Johannes Gem., Phila.	10.00	
		$764.12

Deutsche Maryland Klassis.

Durch Pastor J. C. Hauser, Emanuels Gem., Baltimore, Md.	$114.60	
" " M. Bachmann, St. Paulus Gem., Baltimore, Md.	48.45	
" " A. E. Schade, St. Johannes Gem. Baltimore, Md.	20.65	
" " G. Facius, Zions Gem., Baltimore, Md.	16.00	
" " W. Elterich, Washington, D. C.	30.00	
" " C. Borchers, Sweet Air, Baltimore, Co.	5.00	
		$234.70

Aus andern Quellen Beiträge.

Durch Pastor F. W. Kremer, D. D., von der Ursinus Union.	$250.00	
" Schatzmeister Martin Höngen von dem Dietsche Vermächtniß in Wilmington, Del.	245.23	
" Pastor A. Becker, Theil des Ueberschusses aus dem Verlagshause.	216.43	
" den Schatzmeister der Ref. Union, Phila.	44.00	
" Pastor J. B. Forster von Egg Harbor, N. J.	2.00	
" Von Heinrich Bange, Egg Harbor, N. J.	1.25	
" Pastor Eichelberg, Haskins Wood Co., O.	3.00	
" Herrn Christian Krämer, Folsom, N. J.	10.00	
		$771.91

Gesammtsumme von den Klassen und aus andern Quellen.

New York Klassis..$452.31
West New York Klassis... 54.50
Deutsche Philadelphia Klassis................................... 764.12
Deutsche Maryland Klassis....................................... 234.70
Aus andern Quellen Beiträge..................................... 771.91
   Gesammte Einnahme................$2,277.54
   Bal. in Kasse beim Jahresschluß........ 604.53
   Summa.............................$2,882.07

Ausgaben.

Erstes Viertel fällig Oktober 1. 1888.

An Pastor Johannes Vögelin.....................................$150.00
 " " L. K. Derr... 75.00
 " " F. Foy.. 50.00
 " " W. Elterich... 34.00
 " " G. Facius... 34.00
 " " W. Walenta...100.00
 " " G. P. Seibel.. 90.00
 " " Friedrich Schaad.................................... 27.50
 " " P. Wienand... 33.34
 " Herrn Hartmann... 10 00
   Zusammen........................$603.84

Zweites Viertel Januar 1. 1889.

An die Bethanien Gemeinde, Brooklyn, N. Y..........$135 00
 " Pastor W. Elterich... 34.00
 " " L. K. Derr.. 75.00
 " " Johannes Vögelin....................................150 00
 " " Friedrich Schaad.................................... 25.00
 " " F. Foy.. 50.00
 " " G. Facius... 34.00
 " " G. P. Seibel.. 90.00
 " " P. Wienand...100.00
 " " W. Walenta... 75.00
 " " C. Borchers.. 50.00
 " " J. Külling für Reisekosten.......................... 5.50
   Zusammen........................$823.50

Drittes Viertel, April 1. 1889.

An Pastor G. P. Seibel...$ 60.00
 " " Fr. Schaad.. 25 00
 " " W. Walenta... 75.00
 " " Joh. Vögelin..150.00
 " " G. Facius... 34.00
 " " L. K. Derr.. 75.00
 " " F. Foy.. 50.00
 " " C. Borchers.. 50.00
 " " Joh. Külling.. 83.33
 " " W. Elterich... 34.00
 " " P. Wienand...100.00
          $736.33

Letztes Viertel, Juli 1. 1889.

An Pastor W. L. Elterich..$ 34.00
 " " W. Walenta... 75.00
 " " G. Facius... 34 00
 " " L. K. Derr.. 75.00
 " " Joh. Vögelin..150.00
 " " Fr. Schaad.. 25 00
 " " C. Borchers.. 50.00
 " " Joh. Külling..125.00

der Deutschen Synode des Ostens. 31

```
An Pastor F. Fox............................................$ 50.00
 "    "   P. Wienand.........................................100.00
 "    "   Joh. Külling für Reisekosten..........................4.00
                    Zusammen..........................$ 22.00
              Summa der Ausgaben.
         Erstes Viertel.....................$603.84
         Zweites Viertel.................... 823.50
         Drittes Viertel.................... 736.33
         Viertes Viertel.................... 722.00
              Summa......................$2,885.67
```

Gesammte Einnahmen in diesem Synodaljahr..$2,882.07
Gesammte Ausgaben in diesem Synodaljahr.... 2,885.67
    Bleibt ein Defizit in Kasse am 1. Sept. 1889 $3.60
                    G e o. M. E h r l e n , Schatzmeister.
Obiger Bericht wurde von der Behörde geprüft und angenommen.
                    P. H. D i p p e l, Schreiber.

Die West New York Klassis hat im vergangenen Jahre eine neue Mission in der Stadt Buffalo angefangen. Kirche und Pfarrhaus sind bereits gebaut. Ein Missionar wird voraussichtlich in Kürze von der Missionsbehörde regelmäßig angestellt werden. Nachfolgender Bericht über die Missionsgaben genannter Klassis, wurde von der Missionsbehörde nicht zeitig genug empfangen, um mit in den Jahresbericht des Schatzmeisters aufgenommen zu werden:

Empfangen für die neue Mission in Buffalo:

```
Von der Zions Gemeinde in Buffalo N. Y).  . $153.00
 "   "  Salems    "         "        . . .  44.00
 "   "  1. Reform. Gemeinde in Clarence, N. Y). 22.50
 "   "  Emanuels Gemeinde in Rochester N. Y).  20.00
 "   "  St. Pauls Gemeinde in Titusville, Pa.  78.76
 "   "  Ebenezer Gemeinde in Ebenezer, N. Y).  43.00
 "   "  Emanuels Gemeinde in Buffalo, N. Y).   12.00

         Summa.  . . . . .  . $373.26
```

In obiger Summa sind $114.26 einbegriffen als Kollekte, welche auf Anordnung der Klassis zu einer Ausstattung der Kirche gehoben wurde.

III. Bericht des Schreibers der Behörde der General=Synode für Ausländische Mission.

To the Synod of the East.

DEAR FATHERS AND BRETHREN:

God's gracious work of sowing and reaping continues in Japan. The growth of the work there has been simply marvellous. The summary of our own Mission for the past year shows a steady increase in the number of the converts and in the offerings for benevolence.

The Board realizes the solemnity of the hour and feels the need of entire consecration to the service of the Lord, if His work is to be done, with credit to ourselves, with justice to the Japanese and with the honor due His name.

Our Mission is no longer an experiment; it is a success. Our missionaries occupy an important place in the missionary operations of Japan, and they enjoy the full confidence of the best people of Sendai.

It is therefore of the highest importance that they should be sustained not only by the prayers, but by the contributions of our people The extraordinary expenses incurred last (fiscal) year, in the erection of the Girls' School Building, and two dwelling houses on our property in Sendai, have been met, but these have depleted our treasury, and for the *first time in our history*, we have been unable to transmit the amount due them for their salaries. This failure to meet our obligations, makes apparent the necessity of taking immediate measures to replenish the treasury.

Since my last report to your Reverend body, a number of changes have taken place in our foreign missionary work, which are set forth at length in the accompanying letter to the pastors and members of the Church. From it, the Reverend synod will also gather the following facts which merit favorable action.

The board is anxious to send a suitable teacher for the Training School and also a lady of *broad and liberal culture* for the Girls' School, as soon as the contributions of the Church will warrant it. Men, who have made the work of missions in Japan a careful study, are agreed, that the triumph of the Gospel there depends upon the preaching of the gospel by the native converts. It is plain therefore that "the work of training young men for the ministry is by far the most fruitful and permanent method of doing missionary work in Japan. A good native minister can preach more eloquently and make more converts than almost any one of the foreign missionaries; he preaches in his mother tongue, understands his own people better, becomes more intimate with them and has more influence over them. All this, however, presupposes the direct personal contact of the native evangelist with the foreign missionary. By training native young men, the missionary multiplies himself manifold. He makes convert-makers; and if he can make twelve efficient convert-makers, he does better than if he would make a hundred converts".

In view of these indisputable facts, the Church should promptly furnish the Five Thousand Dollars necessary for the New Training School Building. It is an urgent need, that the erection of the Seminary building begin early in 1890, the time of the formal adoption of the new constitution of Japan. Upon the Church at home devolves the solemn responsibility to extend the usefulness of this very important department of Christian work. Let it be the subject of much fervent prayer and liberal giving.

Allow me to refer to the efforts that are being made to secure the money for the "Oshikawa Memorial Building." Rev. W. E.

Hoy offers five prizes to the Sunday School Scholars raising the five largest sums of money, by soliciting contributions of Five cents a person. The list of names and the money must be sent to Hon. R. F. Kelker, Harrisburg, Pa. not later than January 1., 1890. A scetch of Rev. M. Oshikawa, the pioneer native missionary in the north of Japan, and at present on a visit to America, will soon be ready for sale and the profits thereof will be applied to the Seminary Fund. If our pastors and elders will give their friendly aid to these projects, the sum of *five thousand dollars* can be realized.

Providence permitting, the Board expects the Rev. M Oshikawa to visit the several synods at their annual meetings. He came to this country in March of the present year, to find the rest he so much needs and to enjoy the benefits of our richer experience in grace and truth. We bespeak for him a cordial welcome everywhere.

Dear Brethren : Religion in Japan is the burning topic of the day. The people will have some kind of religion There is no difference of opinion about *the having or not having a religion.* The question of present interest is, *What kind of religion shall it be?* Christianity, Buddhism and Scepticism are the three rival forces at work for the mastery. From the tidings that come to us from the missionaries on the field, we may infer that the contest will be a fierce but brief one. A few years will determine the issue. If Christianity fails to triumph in the conflict, the censure will rest upon us. Experience has taught us that the membership of the Church do not ordinarily go beyond their pastors and elders in zeal and activity, in knowledge and liberality. Our people need more light on the subject of missions, and they look to us for it. In charges where the Church Paper is not a regular visitor in every family, the pastor should tell the people of our work, from the pulpit and in his pastoral visitations, and thus awaken an interest in missions. Every pastor who is conversant with the progress of missions has the fuel in his hands wherewith to enkindle the fire of missions in the most indifferent hearts. He is the great medium through which the wants of the missionaries are to be made known, the mouth-piece for heathendom as it pleads with Christianity.

In order that we as a church may share in the joy of gathering the large harvest of souls for Christ in Japan, we must be up and doing. The missionaries ask for our prayers ; they crave our sympathy ; they need our help. The Board earnestly pleads for more money to prosecute the work. Give us the means and we will cheer your hearts with the glad tidings of the progress of the Gospel among a people who are not yet a people of God. God's word cannot be broken. God's cause will prevail. The crowns of rejoicing will appear when they and we shall stand in the presence of the Eternal. God be with us until we meet then, for His name's sake.   Yours in the Gospel,

ALLEN R. BARTHOLOMEW, Secretary.

Pottsville, Pa., September 9., 1889.

STATISTICS OF OUR JAPAN MISSION. 1889.

	Organized Churches	Churches Still-Supporting.	Preaching Stations.	Baptized Converts.	Membership.	Girl's School.	Scholars in same.	Sunday-Schools.	Scholars in same.	Theological Schools.	Scholars in same.	Native Ministers.	Unordained Ministers.	Colporteurs.	Bible Women.	Contributions for all Purposes.
Nihon Bashi,	1			17	67			1	26			1		1		$ 63 85
Oji,				4	33			1	20							24 00
Iwatsuki,	1			8	89			1	30					1		370 08
Matsubayashi & Noda					35			1	38							8 30
Bancho,	1	1		65	189			1	85			1				196 30
	3	1		94	413			5	199			2	1	1		$ 662 53
Sendai, Fukushima, Nakamura, Hobara, Shiroishi, Tome, Yamagata, Tsurugaoka,	4	1	6	136	625	1	47	9	391	1	15	2	6	2	2	1125 75
Iwanuma,	1			5	99			1	70			sup'ld.				181 00
Ishinomaki,	1		1	10	69			1	30				1			89 85
Furukawa,	1		1		36			1	15				1			30 00
Hakodate,	1	1	1	28	75			1	73				1			182 98
Mombetsu, Mororau,	1	1		20	121			1	45			1	1			1047 70
	9	3	10	199	1025	1	47	14	623	1	15	3	10	2	2	2557 28
Grand Total	12	4	10	293	1438	1	47	19	823	1	15	5	11	3	2	$ 3219 81

IV. Bericht des Ausschusses über Mission.

Der Ausschuß berichtete Samstag Vormittag. Der Bericht wurde entgegengenommen, punktweise erledigt, und in folgender Fassung als Ganzes angenommen.

Geliebte Brüder!

Folgende Schriftstücke sind diesem Ausschuß übergeben worden:

1. Der Jahresbericht unserer Missionsbehörde sammt demjenigen des Schatzmeisters.

2. Ein von der General=Synodal=Missionsbehörde zugesandter Bericht, nach welchem diese an die General=Synode das Gesuch stellt, ernstliche Schritte zu thun zur Vereinigung aller Missionswirksamkeit der verschiedenen Synoden unter der Missionsbehörde der General=Synode.

3. Ein Bericht des Schreibers der Heidenmissionsbehörde.

4. Eine Erklärung derselben über die Entlassung Missionar A. D. Grings.

Nach sorgfältiger Prüfung obiger Schriftstücke, möchte Ihr Ausschuß folgende Beschlüsse zur Annahme empfehlen:

1. Daß wir die treue und umsichtige Wirksamkeit unserer Missionsbehörde dankbar anerkennen, und alle Klassen und Gemeinden dringend ermahnen, das Werk der Einheimischen Mission als den wichtigsten Zweig unserer kirchlichen Thätigkeit mit vermehrtem Fleiß zu unterstützen.

2. Daß wir die Handlungsweise der Klassen, die mit den in ihrem Gebiet gesammelten Missionsgeldern selbstständig Mission zu treiben angefangen haben, als den bestimmten Verordnungen der Synode entgegenlaufend, durchaus mißbilligen, und die Klassen ernstlich ermahnen, davon abzustehen, und ihre Missionen, wie verordnet unter Aufsicht der Missionsbehörde zu treiben, und dieser die gesammelten Missionsgaben zu übergeben; und daß der Missionsbericht der fraglichen Klassis, dem Bericht der Missionsbehörde einverleibt werde.

(Siehe für den betreffenden Bericht Artikel XIV. II.)

3. Da die Zweckmäßigkeit der Art und Weise, wie die Hafenmission jetzt betrieben wird, von verschiedenen Seiten beanstandet wird, so ist hiemit die Missionsbehörde beauftragt, diese Angelegenheit zu untersuchen und zum Besten der Kirche zu ordnen.

4. Beschlossen, daß wir nach unserem besten Ermessen die Uebergabe unseres Missionswerkes an die Behörde der Ehrw. General-Synode als demselben höchst nachtheilig ansehen müssen, und uns daher nicht dazu entschließen können.

5. Beschlossen, daß wir die gesegneten Erfolge der Japan-Mission mit Dank gegen Gott anerkennen, und dieses heilige Werk auf's Neue unsern Gemeinden zur eifrigen Unterstützung empfehlen.

6. Beschlossen, daß wir bedauern, daß die Resignation des Missionars, Pastor A. D. Gring, nothwendig war, daß wir uns aber weiter kein Urtheil über die Handlung der Behörde erlauben. Achtungsvoll vorgelegt, Ihr Ausschuß,

C. Brunner,
Geo. M. Ehrlen.

Artikel XV.
Missionshaus.

I. **Jahresbericht der Verwaltungsbehörde des Missionshauses** an die Ehrw. Deutsche Synode des Ostens für das Schuljahr vom Oktober 1888 bis den 1. Juli 1889.

Väter und Brüder!

Daß wir mit Leib und Seele, beides im Leben und Sterben, nicht unser, sondern unsres getreuen Heilandes Jesu Christi eigen sind, das hat uns der Herr abermals am Schlusse des zurückgelegten Schuljahres recht deutlich und eindringlich gelehrt.

Wir sind nicht unser selbst. Unser keiner lebt ihm selber, und keiner stirbt ihm selber. Unser Leben, Leib, Seele und Geist, unsre Kräfte, Gaben, Lehrer, Schüler, Freunde, Gönner, Hülfsmittel, Häuser, Aecker, Bedürfnisse, Arbeiten, Arbeitsfelder, Sorgen, Leiden und Trübsale, sie sind zunächst nicht unser, sondern gehören ihm an, der uns theuer erkauft hat. Wunderbarer Gott, gib dich mir, gib mich dir! Theure Lehre, ohne seinen Willen wird auch kein Haar von unserm Haupte fallen, sondern es muß uns alles zu unsrer Seligkeit dienen.

Es hat dem Herrn gefallen, unsren Mitgenossen, **Dr. Heinrich Kurtz**, der seit 18 Jahren als Professor am Missionshause gelehrt hat, aus der streitenden in die triumphirende Kirche zu versetzen. Er starb unerwartet am 31. Mai 1889 an einem Herzleiden. Obwohl wir den schweren Verlust, den die Anstalt dadurch erlitten hat, tief fühlen, **so soll uns doch Gottes Weg heilig bleiben.** Wir sind nicht unser selbst.

Unser Schlußfest hat uns der Herr in ein Trauerfest verwandelt. Es sollte uns eine Förderung im Glauben, im Gehorsam, in der Treue, in der brüderlichen Liebe und besonders in der Selbstverleugnung, in der unbedingten Ergebung in des Herrn Willen zu Theil werden, die wir doch unmittelbar aus seiner väterlichen Hand uns zukommend, als einen Segensgruß aus der himmlischen Heimat entgegen nehmen und uns in dem so wichtigen Erziehungswerk zu Nutzen machen wollen.

Daß wir mit Leib und Seele, beides im Leben und Sterben, nicht unser, sondern unsres getreuen Heilandes Jesu Christi eigen sind, das sei uns, geliebte Väter und Brüder, unser einiger Trost, unser hellstes Licht in aller Dunkelheit, unser Panier in der schweren und verantwortungsvollen Arbeit, unser Fels in den Trübsalsfluthen.

Daß wir sein sind, das haben wir, so lange das Missionshaus besteht und ganz besonders in den letzten Jahren, worin der Neubau errichtet worden ist, beständig erfahren. Der große Bau, der mit seinen innern Einrichtungen auf $21,000 kommt, konnte fast schuldenfrei am 14. November 1888 eingeweiht werden. An dieser erhebenden Feier betheiligten sich die drei deutschen Synoden durch ihre Vertreter. Die Reden und Vorträge, welche bei dieser Gelegenheit gehalten wurden, sind gedruckt und jedem deutschen Pastor unserer Kirche ein Exemplar zugesandt.

Ihre Behörde fühlte sich gedrungen folgenden Dankbeschluß zu veröffentlichen: „Unter dem Einflusse göttlichen Segens ist der Neubau des Missionshauses vollendet. Er steht heute vor uns da als ein Denkmal der Gnade Gottes und als ein Werk christlicher Liebe. Der Herr Inspektor wie auch der Hausvater mit dem ganzen Bauausschuß schauen zurück auf viele Mühen und Sorgen. Eine ganze Anzahl Brüder reisten um in unsern Gemeinden und bei Freunden unsrer Sache Gaben zu sammeln. Sie sind erfolgreich gewesen. In den Frauen- Jungfrauen- und andern Vereinen rührten sich freudig hunderte von Händen in der Anfertigung und Ausrüstung von Betten. Wir gedenken aller Geber, auch des Armen, der sein Scherflein beitrug den Erfolg krönen zu helfen. Allen, die auf diese Weise in selbstloser Liebe ihre Opfer an Zeit und Gaben gebracht zur Förderung des Baues spricht die Verwaltungsbehörde den wärmsten Dank aus. Der Gott, der über Bitten und Verstehen durch eure Liebe an unserm Werk gethan, segne euch alle nach seinem überschwenglichen Reichthum."

Dem Herrn, der den Dürftigen aus dem Staube hebt und dem Elenden hilft, danken wir für seine getreue Nachsicht, Fürsorge und Durchhülfe. Ihm sei Lob und Dank!

Der Lehrplan ist nach Bedürfniß erweitert worden. Da nun auch Gemeindeschullehrer ausgebildet werden sollen, so muß ein entsprechender Lehrkursus eingerichtet werden, wozu bis dahin die Lehrkräfte fehlten. Die einleitenden Schritte sind jedoch gemacht. Die deutsche Professur war im verwichenen Schuljahr vakant. Die Fakultät hat den Unterricht im Deutschen mit Hilfe von Pastor Martin und einigen Zöglingen unter sich vertheilt.

Mit dem Neubau haben wir eine Menge Erweiterungen und Reparaturen treffen müssen. Der Speisesaal ist bedeutend erweitert. Die alten Häuser sind wärmer und bequemer eingerichtet. Durch die Einrichtungen im Neubau und den alten Häusern, wie auch durch die notwendig gewordenen Erweiterungen und Reparaturen hat nun aber die laufende Kasse ein Defizit von etwa $3000, da bei der Rechnungsablage die alten Rechnungen nicht entrichtet werden konnten, so enthält der Schatzmeisterbericht nur einen Theil von der Schuld.

Der Herr hat uns viel gelingen lassen. Während der Neubau, die Erweiterungen und Reparaturen große Summen kosteten, hatten wir eine Familie von 112 Personen zu versorgen. Der Katalog zählt 100 Schüler, 25 in der Voranstalt, 46 im Kollege, und 29 im Seminar.

Ihre Behörde hat das Schulgeld für die Zahlschüler von $100 auf $120 erhöht, welches auch Predigersöhne zahlen sollen, wenn diese sich für einen weltlichen Beruf im Missionshause ausbilden lassen.

Gesuche an die Synoden.

1. Ihre Behörde ersucht Ehrw. Synode das Missionshaus unsern Gemeinden zur gläubigen Fürbitte und auch zur kräftigen Unterstützung zu empfehlen, auf daß die Anstalt ihre große von Gott so reichlich gesegnete Mission auch ferner erfüllen kann.

2. Ihre Schreiber anweisen, daß die schriftlichen Beschlüsse über das Missionshaus der Verwaltungsbehörde zeitig übermittelt werden.

3. In Anbetracht, daß der vom Herrn in die Ewigkeit abgerufene Professor H. Kurtz dem Missionshaus und der Kirche seit langen Jahren treu gedient hat; in Anbetracht ferner, daß seine Wittwe mit 6 Kindern, von welchen das jüngste ungefähr 6 Jahre alt ist, mittellos ist, daher empfiehlt die Behörde des Missionshauses den Ehrw. Synoden folgendes:

a) genannte Wittwe zu pensioniren, so lange sie Wittwe bleibt, mit der Summe von $300 jährlich.

b) Daß obige Summe zu gleichen Theilen auf die drei Synoden vertheilt und das Geld von den Schatzmeistern derselben an den Schatzmeister des Missionshauses regelmäßig einbezahlt werde und derselben in vierteljährlichen Terminen entrichtet werden soll.

c) Daß die Synoden die Behörden ermächtigen für das erste Jahr die Pension aus der Kasse des Missionshauses zu bezahlen, es sei denn, daß die Synoden anderweitig dafür sorgen, daß die von ihnen verwilligte Pension ausbezahlt werde.

4. Behörde macht die respektiven Synoden aufmerksam daß die Dienstzeit des Past. J. F. H. Dieckmann D. D. von der deutschen Synode des Ostens, des Aeltesten J. Zimmermann von der Centralsynode und des Past. C. T. Martin D. D. von der Synode des Nordwestens abgelaufen ist.

Gnade und Friede sei mit allen, die die Erscheinung unsres Herrn Jesu Christi lieb haben.

Im Auftrag der Behörde des Missionshauses
Achtungsvoll unterbreitet

F. P. Leich, Vorsitzer.
H. A. Mühlmeier, Schreiber.

II. Jahresbericht der Visitations-Behörde des Missionshauses.

Der Ehrw. Synode des Nordwestens, der Central-Synode und der Deutschen Synode des Ostens.

Geliebte Väter und Brüder!

Ein bedeutungsvolles Jahr ist für die Prophetenschule zum Abschluß gekommen. Bedeutungsvoll in vielen Hinsichten. Sehen wir den prachtvollen Neubau an, so müssen wir bekennen: „Das hat der Herr gethan und ist ein Wunder vor unsern Augen!" Darum lasset uns mit einander den Herrn preisen und lobsingen seinem Namen, der Großes an uns gethan hat.

Damit hebt auch der Bericht der Fakultät an. „Bis hierher hat uns der Herr geholfen. Mit diesem herrlichen Bekenntniß können wir alle unsere Erfahrungen im Lehr- und Seelsorgeramt bezeichnen. Unter allen Ermuthigungen und Entmuthigungen, Erniedrigungen und Erfolgen hat uns der Herr an der Arbeit stehen lassen bis zum Schluß des zurückgelegten Schuljahres während unser Mitarbeiter, der theure Professor Dr. Heinrich Kurtz sein Tagewerk vollendet hat. Er ruht von aller Arbeit und seine Werke folgen ihm nach.

In Anbetracht dieser Heimsuchung, welche unsre Kirche und Anstalt traf, hat die Behörde folgendes Gedächtnißschreiben an Ehrw. Synoden und durch sie an die ganze Kirche ergehen lassen:

„Da unser lieber Bruder, Herr Professor Heinrich Kurtz, D. D., Freitag den 31. Mai 1889, am Tage nach dem Himmelfahrtsfeste, Abends 5 Uhr, unerwartet vom Haupt der Kirche durch einen sanften Tod in sein himmlisches, seliges Reich versetzt worden ist, so geben wir, die Visitationsbehörde des Missionshauses der drei deutschen Synoden des Ostens, des Nordwestens und der Central-Synode unserm Gefühle den folgenden Ausdruck, wovon eine Abschrift dem Protokoll genannter Behörde einverleibt, eine andere Abschrift veröffentlicht und das vorliegende Original im Archiv des Missionshauses der Reformirten Kirche in den Vereinigten Staaten bei Franklin, Sheboygan Co., Wis. niedergelegt werden soll:

Heinrich Wilhelm Kurtz war geboren den 12. März 1823 im Schloß zu Brenau in Mähren, wo sein Vater Verwaltungsbeamter auf den Gütern des Grafen Chanteau (Schanto) war. Schon frühe für den geistlichen Stand bestimmt, studirte er als Novize und späteres Mitglied des Prämonstratenser-Ordens nach Absolvirung des Gymnasiums in Olmütz die katholische Theologie auf der Universität in Prag. Von dem Weihbischof Dieckmann erhielt er nach abgelegter Prüfung mit einer Anzahl Kandidaten die Priesterweihe. Während Bruder Kurtz schon im Kloster den Grund zu seiner musikalischen Ausbildung gelegt und dieselbe im Conservatorium zu Prag vollendet hatte, setzte er seine Studien mit einem Eifer und Erfolg fort, daß er schon als 26jähriger Jüngling sein Staatsexamen als Professor der Physik und höheren Mathematik machte und darauf eine Anstellung für die genannten Wissenschaften am Obergymnasium in Saaz, Königreich Böhmen, erhielt. Zu gleicher Zeit war er Chorherr des königl. Chorherrenstiftes Strahof in Prag. Nach einem rechtsgültigen Zeugniß aus dem Jahre 1856 genoß er in dieser Stellung wegen seines strengmoralischen Wandels, seiner Intelligenz und humaner Behandlung der Schüler den ehrenwertheſten Ruf und allgemeine Achtung. Innere Gewissenskämpfe trieben ihn im selben Jahre aus der römischen Kirche in die evangelische Landeskirche Preußens, wo er zuerst als Pfarrvikar in Conradswaldau, Diözese Schweidnitz, dann als Pastor in Straussenei und später in Breslau, Provinz Schlesien, nach einem recht zufrieden stellenden Zeugniß seiner Wählbarkeit wirkte. Im Jahre 1865 wurde er nach dem Tode seiner Ehegattin Pauline geb. Wenda, mit welcher er nur etwas über 5 Jahre im Stande der heiligen Ehe gelebt hatte, von der "Berliner Gesellschaft für die deutsch-evangelische Mission in Amerika" ausgesandt und an die Sheboygan Classis zur Aufnahme empfohlen. Hier wirkte er nach einander unter den Böhmen, dann in Waukesha, Milwaukee und den zu einer Pfarrstelle vereinigten Gemeinden im Town Sheboygan Falls, Wis. Von allen diesen Gemeinden kann das Zeugniß gelten, welches ihm schon von der Gemeinde in Conradswaldau im Jahre 1865 ausgestellt wurde, in welchem es wörtlich heißt: "Durch seine erbaulichen Predigten, aus innerem Glaubensleben entsprungen, durch seine ungeheuchelte, herzgewinnende Freundlichkeit im Umgang mit den Gliedern der Kirchgemeinde hat er sich die Liebe derselben im reichsten Maße erworben und sich das ehrenvollste Andenken bewahrt." — Seit dem Jahre 1872 war er im Missionshause thätig. Wegen seiner Wirksamkeit als Lehrer der Exegese, Mathematik, Physik, Musik und andern Fächern berufen wir uns auf das Zeugniß aller seiner Schüler, welche im Missionshause waren, um etwas zu lernen. Noch in seinem letzten Lebensjahre erhielt er den Titel eines Drs. der Theologie von der ältesten reformirten Anstalt unsres Landes in Lancaster, Penna.

Er erreichte ein Alter von 66 Jahren, 2 Monaten, 17 Tagen und hinterläßt eine trauernde Wittwe Maria Anna, geb. Wenda (seit dem 23. August 1867 mit ihr verehelicht) und 7 Kinder, wozu noch ein verheiratheter Sohn aus erster Ehe kommt.

Mit dem schmerzlichen, aber dennoch sich unter die Hand des Herrn beugenden Bewußtsein unseres Verlustes durch das Hinscheiden des Br. Kurtz, zeichnet:

Jakob Dahlmann, Vorsitzer.
Johann Röck, Schreiber.
J. F. H. Dieckmann.
C. T. Martin,
Wilh. Braun,
F. Peter Leich,
C. F. Arpke,
J. S. Zimmermann

Stattlich, schön und einladend steht der Neubau vollendet da. Nachdem die Grenzen erweitert und der Neubau konnte bezogen werden, standen schon viele Schüler auf der Warte, um in die Anstalt aufgenommen zu werden. Sie zählte während des verflossenen Jahres 100 Schüler. Davon waren in der ersten Klasse 25, in der zweiten 23, in der dritten 10, in der vierten 5 und in der fünften 8. — —71 im College. Das Seminar hatte in der ersten Klasse 11, in der zweiten 10 und in der dritten 8 Zöglinge, — — 29 im Seminar. Von dieser Anzahl Studenten verließen 4 die Anstalt wegen Krankheit und zwei wurden ausgeschlossen.

Ueber Fleiß und Betragen Ihrer Pflegebefohlenen ist den verschiedenen Klassen von der Fakultät Bericht erstattet worden. Die Fakultät berichtete in Verbindung damit: „Im allgemeinen können wir mit gutem Gewissen bezeugen, daß kein Grund zur Klage vorhanden ist. Das Betragen während des Schuljahres mit geringen Ausnahmen war lobenswerth, während der Fleiß bei einzelnen etwas besser hätte sein können."

Es würde für die Zöglinge sehr heilsam sein, wenn ihre (respectiven) Klassen im allgemeinen ein lebhafteres Interesse an dem Fortschritt und Wohlergehen derselben nähmen, sich mit ihren Bedürfnissen bekannt machten und dahin wirken würden, ihnen in allen Stücken gerecht zu werden. Sie bedürfen nicht allein der Ermunterung ihres Pastors, Kirchenraths und der Gemeinde, sondern auch der Glieder der Klassis, welcher sie angehören und unter deren Aufsicht sie stehen. Dadurch würde jede Klassis in nähere Bekanntschaft mit ihren Zöglingen treten und sich ihrer und des Missionshauses Bedürfnisse besser annehmen und den Segen Gottes für sie erflehen.

Ihre Behörde ist der Ansicht, daß die Klassis in erster Instanz den Applikanten für das Missionshaus prüfen und ihn der Visitationsbehörde zur Aufnahme empfehlen sollte. In dieser Weise würde nicht allein schon eine Bekanntschaft und Verbindung zwischen der Klassis und dem Applikanten zu Stande gebracht, sondern jede Klassis würde sich mehr verpflichtet fühlen bessere Aufsicht zu führen und für ihre Pflegebefohlenen zu sorgen und das Missionshaus mit den erforderlichen Mitteln zu versehen. Wir ersuchen die Ehrw. Synoden sich darüber auszusprechen und solches zur Regel zu machen.

Die Zahl der theologischen Zöglinge entspricht auch nicht den Bedürfnissen unserer Kirche. Es ist ein großer Mangel an Predigern, wie auch an solchen, die sich dem heiligen Predigtamte widmen. Diesem könnte abgeholfen werden, wenn Synoden, Klassen und Prediger Aufforderungen ergehen und sich ernstlich angelegen sein ließen, Zöglinge für das Missionshaus, für das heilige Predigtamt des deutschen Theiles unserer Kirche zu werben. Ihre Behörde legt auch diesen Gegenstand zur ernstlichen Besprechung und Berathung Ihren Ehrw. Körpern vor und bittet, solche Aufrufe ergehen zu lassen und Verordnungen zu treffen, wodurch Jünglinge in den Gemeinden sich bewogen fühlten, ihre Gaben und Kräfte dem Dienste des Herrn und seiner Kirche zu widmen.

Ihre Behörde wird bestrebt sein je nach Umständen und Verhältnissen, wie sie sich ergeben werden, solchen Jünglingen, welche schon an Jahren vorgeschritten sind, aber aus Liebe zum Herrn und unsterblichen Seelen sich dem heil. Predigtamt widmen möchten und die nöthigen Vorkenntnisse besitzen, einen Lehrkursus von fünf Jahren vorzuschreiben. Auch darüber werden Ehrw. Synoden ersucht, Ihre Ansicht mitzutheilen und solche Fälle unter Umständen dem besten Erachten der Behörde und Fakultät des Seminars des Missionshauses zu überlassen.

Es wurden während des verflossenen Jahres folgende Zöglinge aufgenommen und von der Fakultät den verschiedenen Klassen zum Unterricht angewiesen: November 1888: J. G. Knie, Colesville, Wisc.; Joh. Hillmer, Milltown, N. J.; Jacob Vogt, Delphos, O.; Heinrich Neuhaus, Elberfeld, Deutschland; Fr. Carl Brach, Chicago, Ill.; Calvin Schneider, Galion, O.; O. P. Vitz, Delphos, O.; Jacob Heichhold, Philadelphia, Pa.; W. Setlitsch, New Knoxville, O.; Anton Roth, Manitowoc, Wisc.; Robert Lisberger nicht eingetreten und Jon. Zimmermann, Ridott, Ill. — Im Juni 1889: Max Schaufeld, Brooklyn, E. D., N. Y.; G. Gaudenz L. und Andreas Lem, Marugg, Monticello, Ja.; Wilhelm Tölle, Antigo, Wisc.; Martin Hirsch, Ft. Wayne, Ind.; Eduard Stübi, Hiawatha, Kansas; Carl Walther Jörris, Poland, Ind.; Wm. Loos, Kiel, Wisc.; Heinrich Sonnenberg, Parkersburg, Jo; — Im August 1889: Emil L. Petersen, Philadelphia, Pa.; Dietrich Hugelskamp, Indianapolis, Ind.; Max Wm. Brach, Waukesha, Wisc. — Im Ganzen 24 Zöglinge.

Die Zöglinge der dritten Klasse des Seminars: Franz Aigner, Wilh. Bollmann, Aug. Franz, Friedr. Kalbfleisch, Calvin Lienkämper, Lorenz Selzer und Eduard Wentz wurden geprüft, von der Anstalt entlassen und ihren respectiven Classen zur Prüfung empfohlen. — Der Name von Louis Martin Weiß von Akron, O., ein Zögling obiger Klasse, wurde von der Liste gestrichen, weil er nicht allein den Verordnungen seiner Klassis nicht nachgekommen war, sondern sich der Presbyterianer Kirche des Südens anschloß und der Kirchenordnung der Reformirten Kirche in den Vereinigten Staaten und den Vorschriften des Missionshauses zuwider handelte.

Ihre Behörde hielt es wieder für angemessen, eine persönliche Unterredung mit den im November 1888 eingetretenen Zöglingen zu halten, um sie kennen zu lernen und Zeugnisse aus ihrem innern Erfahrungsleben zu vernehmen. Auch wohnte sie den Prüfungen verschiedener Klassen bei und war höchst erfreut und zufrieden gestellt mit dem Fortschritt, welchen Lehrer und Schüler gemacht hatten. — Auch hat Ihre Behörde seit der Einweihung des Neubaues einen Gottesdienst für die Studenten auf Sonntag Nachmittag im Hauptgebäude angeordnet und die Professoren freundlichst gebeten, denselben abwechselnd zu halten. Die Fakultät berichtete darüber: „Sonntags wurde mit wenigen Unterbrechungen in der Anstalt gepredigt und die Zöglinge angehalten diese Gottesdienste zu besuchen." — Künftighin soll jeder Zögling, welcher außerhalb der Anstalt seine Ferien zubringt, sich bei dem betreffenden Pastor melden in dessen Bezirk er weilt und von demselben ein Zeugniß über sein Verhalten bei seinem Eintritt im nächsten Schuljahr dem Inspektor vorlegen.

Die Ehrw. Synoden werden bei Ihren Jahresversammlungen die durch den Tod von Prof. H. Kurtz, D. D. vakant gewordene Professur im Seminar durch eine Wahl wieder besetzen. Ihre Behörde empfiehlt den Ehrw. Synoden, folgenden Antrag zum Beschluß zu erheben, ehe die Wahl vorgenommen wird:

Beschlossen, den Professoren der Theologie Johannes Van Haagen, D. D., seiner Stellung als Professor der Kirchengeschichte zu entheben und ihn als Professor der Exegese und verwandten Studien anzuerkennen. Nach Annahme dieses Antrages würde dem neu zu erwählenden Professor die Kirchengeschichte und dergleichen Studien zuertheilt werden.

Es wird der Ehrw. Deutschen Synode des Ostens mitgetheilt, daß die Dienstzeit von J. F. H. Dieckmann, D. D. abgelaufen ist, und die respectiven Synode ersucht wird, die vakante Stelle durch Neuwahl wieder zu besetzen.

Achtungsvoll unterbreitet
Namens und im Auftrag der Visitations-Behörde
Jacob Dahlmann, Vorsitzer.

Für die Handlung der Synode in Bezug der obigen Empfehlung der Visitationsbehörde siehe unter Artikel IX.

Der Punkt in Bezug der abgelaufenen Dienstzeit des Pastor J. F. H. Dieckmann, D. D., wurde dem Ausschuß für Nomination überwiesen.

III. Bericht des Schatzmeisters des Missionshauses,

an die Ehrw. Synode des Nordwestens, die Central-Synode und die deutsche Synode des Ostens vom 1. Sept. 1888 bis zum 26. Juni, 1889.

1. Für laufende Ausgaben.

Synode des Nordwestens.

Zions Klassis.

Pfarrstellen.
St. Johannes, Ft. Wayne, Ind., Past. C. Schaaf............$ 78.88
Salems, Ft. Wayne, Ind., Pastor C. F. Kriete 21.00
St. Peters, Huntington, Ind., Past. C. M. Schaaf........ 29.00
Defiance, Ohio, Past. F. Schöpfle...................... 18.25
Zions, Detroit, Mich., Past. C. F. W. Hustedt........... 3.00
Salems, Adams Co., Ind., Past. E. Delorme.............. 16.19
Newville, Ind., Past. H. Heußer....................... 37.02
Edgerton, O., Past. P. S. Kohler...................... 5.10
Salzburg, Mich., Past. J. Matzinger................... 5.00
St. Johannes, Elk Rapids, Mich., Past. J. Matter........ 3.50
Zions, Decatur, Ind., Past. H. Bitz................... 6.30
Auburn, Ind., Past. B. Ruef........................... 12.74
$235.98

Sheboygan Klassis.

Sheboygan, Past., L. Watermülder....................$126.87
Immanuels, Past., C. T. Martin...................... 222.46
Bethel, Past. A. Korbel............................. 3.50
Saron, Past. J. Briesen............................. 18.25
Manitowoc, Past. B. R. Hücker....................... 57.56
Town Centerville, Past. H. Schenk................... 43.00
  " Newton, Past. D. W. Briesen..................... 45.00
1. Town Rhine....................................... 11.00
2. "   " Past. H. Kurtz, D. D.................... 5.00
Kiel, Past. L. Zenk................................. 16.00
Schleswig, Past. E. Brunöhler....................... 3.00
Rantoul, Past. G. Engelmann......................... 16.00
Black Wolf, Past. J. G. Schmid...................... 20.00

der Deutschen Synode des Ostens.

Pfarrstellen.
Medina, Past. H. W. Stienecker. 10.00
Chilton, Past. J. Bollenbacher. 8.50
Greenwood, Past. J. Schmalz. 5.25
St. Pauls, Past. F. Grether. 17.57
Jola, Wis., Past ——. 15.00
$643.96

Indiana Klassis.

St. Johannes, Past. M. G. J. Stern. .... $ 26.31
Poland, Ind. Past. W. Grether. 12.00
Immanuels, Indianapolis, Past. H. Helming. 15.00
Crothersville und Sellersburg. 34.35
Marien und Clay City, Past. W. Wittenwyler. 8.50
Zions, Louisville, Ky., Past. G. J. Reiche. 162.00
1. Ref. Gem., Lafayette, Past. C. W. Henschen. 40.50
Dechert, Tenn., Past. B. Wärren. 8.50
Zions, Terre Haute, Past. F. A. Schwedes. 7.00
St. Lukas, Jeffersonville, Past. H. M. Gersmann. 10.75
1. Ref. Gem., Indianapolis, Past. J. G. Steinert. 9.25
Salems und St. Joh., Louisville, Past. A. Schneck. 27.00
Bernstadt, Ky., Past. M. Denny. 7.52
New Middletown, Past. W. Wohlfahrt. 15.00
Linton, Past. K. L. Kemm. 30.75
Evansville, Past. J. Wernly. 4.50
Belvidere, Tenn., Past. D. Neuenschwander. 31.57
Olney, Ill., Past J. Grauel. 8.00
$845.50

Milwaukee Klassis.

Waukesha, Past. F. Küntzler. .... $ 59.00
Sauk City und Harrisburg, Past. J. J. v. Grüningen. 12.00
2. Gem., Sauk City, Past. J. J. Brecht. 15.00
Friedens, Past. F. P. Leich. 44.00
Salems, Wayne, Past. Rusterholz. 11.00
1. Gem., Milwaukee, Past. H. C. Nott. 156.28
2. Gem., Milwaukee. C. R. Hinsle. 3.62
New Berlin, Past. J. H. Schoon. 10.55
St. Johannes, Past. J. D. Jörris. 10.00
Reeseville, Past. H. A. Schwichtenberg. 16.30
Junean, Past. M. G. Küntzel. 5.00
Kohlsville, Past. J. Knie. 6.00
$348.75

Minnesota Klassis.

St. Pauls, Norwood, Past. J. C. Ochsner. .... $ 14.00
Lake City, Past. A. Krahn. 2.00
Zwingli, Bern, Past. A. Bäder. 2.50
Zoar und Ebenezer, Waulon, Ja., Past. J. Christ. 26.02
St. Paul, Past. J. D. Vitz. 12.05
St. Johannes, Norwood, Past. C. Fürer. 18.70
Garner, Ja., Past. H. Treid. 3.70
Dreieinigkeits, La Crosse, R. Kirchhefer 10.30
Immanuels und St. Pauls, Fountain City, Past. G. Loos. ... 14.52
Gaylord, Past. L. Ziegler. 4.00
La Crosse, Past. H. Andreas. 9.00
$116.79

Nebraska Klassis.

Immanuels, Sutton, Past. W. Bonekemper. .... $ 30.00
St. Petri, Yutan, Past. F. Hüllhorst. 15.00
Friedens und Immanuels.
Hoskins, Past. D. Kuhn. 9.50
Denver, Col., Past. D. E. Accola. 6.00
Hoffnungs, Diller, Past. S. Thomas. 14.14
$74.64

Ursinus Klassis.

Pfarrstellen.
Bethanien, Baxter, Ja., Past. E. Scheidt	$ 24.48
St. Paul Wheatland, Ja., Past. E. G. Zipf	15.00
Zoar, Horn, Ja., A. Kanne	19.00
Salems, Crocker, Ja., Past. F. Mosebach	8.00
Salems, Storm Lake, Ja., Past. W. Diehm	7.00
Monticello, Ja., Past. E. Grünstein	23.60
Zoar, Ft. Dodge, Past. L. C. Martin	5.46
Marengo, Past. A. Hocker	5.00
	$107.54

Missouri Klassis.

Hoffnungs, Avenue Ch., Past. J. Ziegler	$ 42.10
Salem, Past. L. Brugger	5.75
Zions und St. Pauls, Neosho, Past. F. Maurer	4.50
St. Louis, Past. W. F. Horstmeier	8.50
	$60.85

Chicago Klassis.

Freeport, Ill., Past. J. J. Janett	$ 38.00
Chicago, J. H. Krüger	5.00
Friedens, Chicago, Past. C. F. Keller	9.20
	$52.20

Central-Synode.

Heidelberg Classis.

Crestline, O., Past. J. Winter	$ 9.25
New Knoxville, O., Past. F. H. W. Kuckhermann	16.00
Zions, New Bremen, O., Past. M. Bitz	6.00
Spencerville, O., Past. J. G. Beißer	6.00
Riley Creek, O., Past. P. Greding, D. D.	16.00
St. Mary's, O., Past. C. Badertscher	38.00
Delphos, O., Past. P. Bitz	9.00
	$100.25

Erie Klassis.

1. Ref. Gem., Sandusky, O, Past. ——	$ 9.79
Vermillion, Past. F. Forwick	18.00
2. Ref. Gem., Cleveland, Past. Joh. Stepler	20.00
3. " " " Past. W. Friebolin	15.00
4. " " " Past. N. Wiers	17.45
7. " " " Past. W. Dreher	1.00
Birmingham, Past. A. Preyer	7.50
New Bavaria, Past. J. L. Schatz	4.50
Youngstown, Past. W. F. Zander	11.57
Huron, Past	3.00
	$107.81

St. Johannes Klassis.

Wooster, O., Past. D. Kemmerer, D. D.	$ 10.00
Shanesville, Past. J. G. Zahner, D. D.	16.61
Christus Gem., Past. F. Straßner	13.00
Ragersville, Past. M. Noll	12.00
New Philadelphia, O., Past. O. J. Accola, D. D.	43.00
1. Ref. Gem., Akron, Past. J. Dahlmann, D. D.	184.55
Jerusalems, Canton, Past. J. B. Rust	20.00
Alliance, Past. H. Holliger	2.50
Oldtown und Stone Creek, Past. W. Stechow	8.00
New Bedford, Past. J. A. Tönsmeier	1.00
Gute Hoffnung, Past. G. Dolch	9.50
Stephanus, Gem., Past. W. Braun	7.00
Bellaire, Past. J. Wirz	5.00
	$332.16

der Deutschen Synode des Ostens.   45

Cincinnati Klassis.

Pfarrstellen.
1. Ref. Gem., Cincinnati, O. Past. J. Bachmann	$ 35.00
2. Ref. Gem., Dayton, O., Past. H. A. Meier	24.50
Beaver, O., Past. J. M. Grether	6.00
Millville, O., Past. W. H. Fennemann	12.00
Immanuel, Ludlow Grove, O., Past. A. Seyring	5.00
Rising Sun, Ind., Past. J. Hauser	7.25
Florence, Ind., Past. C. Becker	2.26
Piqua, Past. E. R. C. Meyer	2.00
	$94.01

Deutsche Synode des Ostens.
New York Klassis.

Bridgeport, Conn., Past. C. Brunner	$ 6.00
Immanuels, Brooklyn, N. Y., Past. W. Walenta	20.00
	$26.00

West New York Klassis.

Zions, Buffalo, Past. J. F. H. Dieckmann, D. D.	$ 40.00
Clarence, N. Y., Past. F. Schaad	5.00
St. Paulus, Titusville, Pa., Past. H. Dieckmann	15.00
Ebenezer, N. Y., Past. J. Röck	37.00
	$97.00

Deutsche Philadelphia Klassis.

Salems, Philadelphia, Past. F. W. Berlemann				$ 35.00
Zions,	"	"	P. H. Dippell	15.00
Bethlehems,	"	"	J. G. Neuber	100.00
Emanuels,	"	"	J. B. Forster	17.00
				$167.00

Deutsche Maryland Klassis.

4. St. Joh. Gem., Baltimore, Past. A. Schade	$ 26.15
	$26.15

Deutsche Synode des Ostens.

Schatzmeister M. Höngen	$400.00

Synode des Nordwestens.

Zions	$235.98
Sheboygan	643.96
Indiana	458.50
Milwaukee	348.75
Minnesota	116.79
Nebraska	74.64
Ursinus	107.54
Missouri	60.85
Chicago	52.20
	$2099.21

Central-Synode.

Heidelberg	$100.25
Erie	107.81
St. Joh	332.16
Cincinnati	94.01
	$634.23

Synode des Ostens.

New York	$ 26.00
W. New York	97.00
Deutsche Phila	167.00
Deutsche Md	26.15
Schatzmeister der Synode	400.00
	$71.615

Aus andren Quellen.

Past. Etter, New Glarus, Wis.	$ 15.00
Claus Ruber, Washburn, Ill.	3.00
Pastor Baumann, Mink, Oregon	19.17
" Helfrich, D. D., Fogelsville, Pa.	50.00
" F. Vergenz, Wisc.	2.00
P. J. Denny	6.37
Erstattet	42.40
J. L. Zimmermann, New Glarus, Wis.	20.00
Von Gliedern der Holländischen Kirche	158.43
	$316.37

Verschiedene Einnahmen.

Schulgeld	$2511.00
Einnahme aus der Missionshausfarm	22.00
Zinsen vom Fond	441.37
	$2974.37

Summa aller Einnahmen.

Synode des Nordwestens	$2099.21
Central-Synode	634.23
Synode des Ostens	716.15
Aus andern Quellen	316.37
Verschiedene Einnahmen	2974.37
Summa	$6740.33

Ausgaben.

Gehalt.

An Prof. H. A. Mühlmeier	$512.50
" " H. Kurtz, D. D.	587.50
" " J. Van Haagen, D. D.	512.00
" " A. W. Großhüsch	420.00
" " J. Glaubitz	350.00
" " F. Grether	400.00
" Hausvater E. Stieneker	75.00
" Hülfslehrer	198.25
" Prof. D. Briesen	133.00
	$3188.25

Für Küche und Haushaltung	$1796.44
Arbeitslohn	573.32
Haus- und Farmgeräthe	95.00
Brennholz	762.20
Reparaturen	339.57
Fracht und Porto	114.26
Versicherung	289.32
Taxe	24.90
Reisegeld an Glieder der Behörde und Delegaten	439.20
Drucksachen	15.47
Zinsen	60.00
Hausmiethe	36.00
Deficit vom letzten Jahr	55.51
	$4601.19

Total Ausgaben	$7789.44
Total Einnahmen	6740.33
Deficit	$1049.11

Die ganze Schuld war zur Zeit laut Rechnungen etwa $3000

Einnahmen für den Baufond.

Synode des Nordwestens.
Zions Klassis.

Pfarrstellen.
St. Johannis, Ft. Wayne, Ind., Past. C. Schaaf	$ 65.00
Salems, Ft. Wayne, Ind., Past. C. F. Kriete	2.00
St. Peters, Huntington, Ind., Past. C. M. Schaaf	15.00
Brush Creek, O., Past. F. P. Hartmetz	10.00
Zions, Detroit, Past. C. F. Hustedt	5.00
Newville, Ind., Past. H. Heußer	13.00
Zionsstelle, Swanton	2.75
Salzburg, Mich., Past. J. Matzinger	1.00
Ai, Fulton, Co., O., Past. P. Kohl	3.00
	$116.75

Sheboygan Klassis.

Zions, Sheboygan, Wis., Past. L. Watermülder	$ 33.50
1. Town Herman, Past. C. T. Martin, D. D.	55.00
2. Town Rhine, Past. H. Kurtz, D. D.	51.00
Greenwood, Past. J. Schmalz	15.17
2. Town Herman, Past. A. Korbel	35.00
Newton, Past. D. W. Briesen	147.00
Centerville, Past. H. Schenk	177.00
Mosel, Past. F. Grether	10.00
Medina, Past. H. W. Stienecker	38.50
Manitowoc, Past. B. R. Hücker	13.00
	$575.17

Indiana Klassis.

Immanuels, Indianapolis, Past. H. Helming	$ 35.00
1. Ref. Gem. Lafayette, Past. C. W. Henschen	208.00
Zions, Louisville, Ky., Past. G. J. Reiche	10.00
Salems, " " Past. A. Schneck	40.00
Poland, Past. W. Grether	20.00
Belvidere, Tenn., Past. D. Neuenschwander	12.00
Bernstadt, Ky., Past. M. Denny	10.00
St. Paulus Gem., Past. S. Barth	5.00
	$340.00

Milwaukee Klassis.

Friedens, Past. F. P. Leich	$ 15.00
Salems, Past. H. Rusterholz	25.00
1. Ref. Gem., Milwaukee, Past. H. C. Rott	10.00
New Berlin, Past. J. H. Schoon	21.62
	$71.62

Minnesota Klassis.

St. Pauls Gem., Past. J. L. Ochsner	$ 17.00
Dreifaltigkeits, Past. A. Krahn	2.00
Ebenezer und Zions, Past. J. Christ	50.00
St. Johannis, Past. H. Andreas	30.00
St. Johannis, Past. H. Fürer	7.00
Friedens, Past. H. Treich	56.00
Salems, Wilton, Wis.	15.00
Immanuels, St. Joh., Past. G. Loos	5.00
Black River, Falls, Past. J. Stucki	10.00
	$192.00

Nebraska Klassis.

Friedens und Immanuels, Past. O. Kuhn	$ 15.00
Hoffnungs, Past. S. Thomas	6.00
	$21.00

48   Verhandlungen

Ursinus Klassis.

Pfarrstellen.
St. Pauls, Past. C. G. Zipf............................ $ 17.25
Bethanien, Past. E. Scheidt......................... 13.25
Marengo, Past. A. Hocker........................... 10.00
Immanuels und Salems, Past. W. Diehm.......... 5.00
Zoars, Past. A. Kanne................................. 50.00
Salems, Past. F. Mosebach.......................... 21.55
                                                        $117.05

Missouri Klassis.

Zions und St. Pauls, Past. F. Maurer............... $ 3.25

Chicago Klassis.

1. Ref. Gem., Chic., Past. A. Heinemann........... $ 56.00

Süd Dakota Klassis.

Bethanien.. $ 31.00
Menno... 84.50
Friedensstelle, Past. M. Hoser...................... 68.50
Zenkton... 5.00
Dakota.. 7.00
                                                        $196.00

Zions... $116.75
Sheboygan... 575.17
Indiana... 340.00
Milwaukee... 71.62
Minnesota.. 192.00
Nebraska... 21.00
Ursinus... 117.05
Missouri.. 3.25
Chicago... 56.00
Süd Dakota.. 196.00
                                                        $1688.84

Central=Synode.
Heidelberg Klassis.

Galion, Past. C. Wisner................................ $ 85.50
Crestline, Past. J. Winter............................. 5.50
Bucyrus... 7.50
Whetstone, Past. J. F. Winter....................... 39.00
Broken Sword und Sulphur Springs, Past. L. M. Kerschner... 64.25
Caroline, Past. B. Rüf................................. 15.00
Marion, Past. D. F. Schroth......................... 26.50
Upper Sandusky, Past. H. S. Gekeler............. 60.75
Prospekt, Past. D. A. Winter........................ 126.25
New Knoxville, Past. F. H. W. Kuchermann..... 300.00
Zions, New Bremen, Past. M. Bitz................. 40.00
Spencerville, Past. J. G. Beißer.................... 27.50
Lima, Past. C. Baum.................................. 19.00
Riley Creek, Past. P. Grebing, D. D............... 28.00
Friedens, Past. C. Badertscher..................... 30.50
                                                        $875.25

Erie Klassis.

Euclid, Past. L. Prailschatis, D. D.................. $ 5.50
Toledo, Past. Ch. Schiller............................ 135.00
Sandusky... 5.00
2. Ref. Gem., Cleveland, Past. J. H. Stepler..... 10.00
Haskins, Past. H. Eikelberg.......................... 29.00
                                                        $184.50

St. Johannis Klassis.

Shanesville, Past. J. G. Zahner, D. D.............. $ 6.50
Ragersville, Past. M. Noll............................ 41.50

der Deutſchen Synode des Oſtens.

Pfarrſtellen.
Friedens, Paſt. J. H. Keller................................ $31.47
1. Ref. Gem., Akron, Paſt. J. Dahlmann, D. D......... 205.50
Oldtown, Paſt. W. Stechow................................ 2.50
St. Stephanus, Paſt. W. Braun........................... 25.00
Waynesburg, Paſt. A. G. Berkley......................... 25.00
New Philadelphia, Paſt. O. J. Accola, D. D........... 3.00
Gute Hoffnung, Paſt. G. Dolch............................ 5.00
Alliance, Paſt. H. Holliger................................. 2.50
Bellaire, Paſt. J. Wirz..................................... 10.00
                      $357.97

Cincinnati Klaſſis.
Jronton, O., Paſt. A. Tönsmeier..................... $ 5.00
Covington, Ky., Paſt. J. G. Kuhl........................ 15.00
Salems, Cincinnati, Paſt. F. O. Zeſch, D. Ph....... 239.00
Beaver, O., Paſt. J. M. Grether........................ 5.00
Riſing Sun, Jnd., Paſt. J. Hauſer...................... 17.00
Florence, Jnd., Paſt. C. Becker......................... 5.00
                      $286.00

Heidelberg... $875.25
Erie.. 184.50
St. Johannis.. 357.97
Cincinnati.. 286.00
 Central-Synode...$1703.72

Synode des Oſtens.
New York Klaſſis.
Suffolk St., N. Y., Paſt. J. F. Buſche, D. D............$ 75.00
New York, Paſt. F. Fox................................... 60.00
Brooklyn, Paſt. W. Walenta............................. 10.00
                      $145.00

Weſt New York Klaſſis.
Zions, Buffalo, Paſt. J. F. H. Dieckmann, D. D......$230.00
Emanuel, Paſt. C. Gundlach............................ 50.00
St. Pauls, Paſt. H. Dieckmann......................... 15.00
Ebenezer, Paſt. J. Röck................................. 170.00
Salems... 45.00
                      $510.00

Deutſche Philadelphia Klaſſis.
Salems, Paſt. F. W. Berlemann........................$ 75.00
Bethlehems, Paſt. J. G. Neuber........................ 61.00
Emanuels, Paſt. J. B. Knieſt, D. D.................... 62.00
St. Paulus, Paſt. A. C. Dahlmann..................... 182.00
St. Markus, Paſt. Geo. A. Scheer...................... 100.00
                      $480.00

Deutſche Maryland Klaſſis.
1. Ref. St. Paulus Gem., Paſt. M. Bachmann.........$122.50
Ref. Immanuels, Paſt. J. C. Hauſer.................... 33.50
" St. Johannis, Paſt. H. Bielfeld...................... 5.00
" St. Johannis, Paſt. A. Schade...................... 27.00
                      $188.00

New York.. $145.00
Weſt New York... 510.00
Deutſche Phil.. 480.00
Deutſche Maryland..................................... 188.00
                      $1323.00

Aus andren Quellen.
Philadelphia... $ 12.00
Paſt. Lobers Gem., North Robinſon, O............... 14.00

Freeport, Kansas, Canada	6.00
Stadt Sheboygan	120.00
Past. N. Wiers Gemeinde, Milltown, N. J.	20.50
California	1.00
Holland, Ref. Kirche	15.00
Anna Schneider, O.	1.00
Rosine Zechich, Ind.	3.00
Past. Geyers Gem., New York	55.00
Ant. H., Omaha	5.00
Pastor Elliker's Gem., Ill.	13.00
Schneider	30.00
S. Schneider, Ohio	1.00
Past. Terborg's Gem., Ill.	15.00
Past. C. Fischer, Phila. Pa.	10.00
Missionsverein in Rohrerstown, Pa.	10.00
S. Stryher, Ohio	2.00
P. C. Herbst	.50
Freund in Pa.	2.25
Salems Gem., an der Plank Road, Wis.	53.00
Past. Bollygers Gem., Kansas	8.80
Past. P. O. Schorh, Lancaster, O.	10.00
St. Paulus Gem., Pittsburg	10.45
Portland, Oregon	8.00
Reichenbach, Pa.	1.00
Kollekte bei der Einweihung des Neubaus	309.76
	$737.26

Summa aller Einnahmen:

Synode des Nordwestens	$1688.84
Central-Synode	1703.72
Deutsche Synode des Ostens	1323.00
Aus andern Quellen	737.26
	$5452.82
Kassenbestand am 1. Sept. 1888	$6198.78
	$11651.60

Ausgaben.

Für Neubau	$9146.18
Ausstattung	1645.26
Reisegeld für Kollektanten	125.80
	$10917.24

Total Einnahmen	$11651.60
Total Ausgaben	10917.24
In Kasse	$ 734.36
Für den Heizapparat sind noch zu zahlen	$848.00

C. F. Arple, Schatzmeister.

An die Verwaltungs-Behörde des Missionshauses.

Ehrw. Väter und Brüder!

Ihr Ausschuß, welcher ernannt war den Bericht des Schatzmeisters zu prüfen, berichtet hiermit, daß der Bericht nach den Büchern geprüft, mit den Belegen verglichen und richtig befunden wurde.

Achtungsvoll unterbreitet,

Jakob Dahlmann,
Joh. Röck,
J. S. Zimmermann.

Missionshaus, den 26. Juni 1889.

IV. Bericht des Ausschusses für das Missionshaus.

Ihr Ausschuß über das Missionshaus, erlaubt sich Ehrw. Synode Nachstehendes achtungsvoll zu unterbreiten:

Folgende Schriftstücke sind Ihrem Ausschuß übergeben worden:
1. Der Jahresbericht der Verwaltungsbehörde.
2. Der Jahresbericht der Visitationsbehörde.
3. Der Jahresbericht des Schatzmeisters.

Der Bericht der Verwaltungs= und Visitationsbehörde beklagt in tiefgefühlten Worten, den plötzlich erfolgten Heimgang des Professors Dr. Heinrich Kurtz, der fünfzehn Jahre lang mit Liebe, Treue und Aufopferung an seinem hochverantwortlichen Posten als Lehrer des Missionshauses gewirkt und sein Andenken mit unauslöschlichen Lettern in die Geschichte desselben eingetragen. Auf die fast schuldenfreie Vollendung des Neubaus wird als ein herrliches Denkmal echt christlicher Liebe hingewiesen. Der ewig treue Bundesgott hat das Missionshaus in seinem Wirken für Gottes heilige Reichssache mit sichtbarem Segen begleitet und bittet dasselbe um anhaltendes Gebet und reichliche Gaben von allen Gemeinden unseres geliebten Zions. Die Visitationsbehörde spricht sich über Fleiß, Fortschritt und Betragen, der in der Anstalt studirenden Zöglinge, sehr befriedigend aus.

Der Bericht des Schatzmeisters ist ein höchst umfangreiches, mit großem Fleiß und viel Sorgfalt ausgearbeitetes Dokument. Die Total=Ausgabe betrug $7,789.44 und die Total=Einnahme $6,740.33, mithin ein Deficit von $1,049.11. Die Gesammtschuld beläuft sich auf etwa $3,000; von unserer Synode wurden zur Deckung derselben $716,15 beigesteuert. Für den Neubau gingen ein: $11,651.60, die Ausgaben beliefen sich auf $10,917,24, bleibt mithin in Kasse: $734.36; unsere Synode gab hierzu die Summe von $1,323.00.

Ihr Komite erlaubt sich, in Anbetracht vorstehender Thatsachen, der Ehrw. Synode folgende Beschlüsse zur Annahme zu empfehlen:

Beschlossen, 1. Daß wir für den reichen Segen, mit welchem der treue Gott unser Missionshaus bis hieher begleitet, unserem innigsten Danke Ausdruck verleihen, und die väterliche Fürsorge des Herrn der Kirche auch für die Zukunft erflehen.

2. Daß wir das Missionshaus den Predigern, Kirchenräthen und Gemeinden unserer Synode zur kräftigen und fortdauernden Unterstützung empfehlen.

3. Den Klassen zu empfehlen, alle Zöglinge, die das Missionshaus besuchen und unter ihrer respektiven Aufsicht stehen, vor deren Eintritt in dasselbe zu prüfen und dann der Visitationsbehörde zur Aufnahme zu empfehlen.

4. Synoden, Klassen und Prediger zu ersuchen, ja dringend zu bitten, Aufforderungen ergehen zu lassen, um dem Missionshause neue Zöglinge zuzuführen.

5. Die Dienstzeit von Pastor J. F. H. Dieckmann, D. D. ist abgelaufen und macht eine Neuwahl nothwendig.

6. Den ständigen Schreiber der Synode zu ersuchen, die Beschlüsse Ehrw. Synode, das Missionshaus betreffend, der Verwaltungsbehörde desselben schleunigst zu übermitteln.

7. a. Die mittellose Wittwe nebst sechs Kindern des verewigten Professors Dr. Heinrich Kurtz, mit einem Jahresgehalt von $300 zu pensioniren, so lange sie Wittwe bleibt.

b. Daß obige Summe zu gleichen Theilen auf die Synoden vertheilt und das Geld von den Schatzmeistern derselben an den Schatzmeister der Missionsbehörde regelmäßig einbezahlt werde und der Wittwe in vierteljährlichen Terminen entrichtet werden soll.

c. Daß die Synoden die Behörde ermächtigen für das erste Jahr die Pension aus der Kasse des Missionshauses zu bezahlen, es sei denn, daß die Synoden anderweitig dafür sorgen, daß die Pension bezahlt werde. Achtungsvoll,

G. Facius,
W. L. Elterich,
C. H. Gerhold.

Obiger Bericht wurde in der Montag Nachmittag Sitzung erstattet, entgegengenommen und nach punktweiser Erledigung als Ganzes angenommen.

Artikel XVI.
Finanzen.

I. **Jahresbericht der Verwaltungs-Behörde der Deutschen Synode des Ostens.**

Ehrwürdige Synode!

Ihre Verwaltungs-Behörde hat zwei Versammlungen gehalten und sich bemüht, die Aufträge der Synode gewissenhaft auszuführen.

Von dem Dietz-Vermächtniß sind sechstausend einhundert Dollars ($6,100) zinstragend angelegt und ist ein Kassenbestand vorhanden von $471.44.

Das Dietsche Legat, ein Haus in Wilmington, Delaware, wurde vom Aeltesten Jakob Longendörfer sorgfältig verwaltet. Die Einnahmen betragen $470.00 und die Ausgaben $200.10, somit verbleibt ein Reingewinn von $269.90.

Das Kircheneigenthum in Egg Harbor City bedarf nothwendig der Reparatur, dieselbe konnte jedoch nicht vorgenommen werden, da der Behörde keine Mittel für diesen Zweck zur Verfügung standen. Ehrw. Synode ist ersucht die dazu nöthigen Gelder zu bewilligen.

Auch machen wir darauf aufmerksam, daß die Dienstzeit von Pastor M. Bachmann und Aeltesten Martin Höngen abgelaufen ist.

Achtungsvoll unterbreitet im Auftrage der Behörde.

F. W. Berlemann.

II. **Jahresbericht des Synodal-Schatzmeisters, Martin Höngen, in Rechnung mit der Deutschen Reformirten Synode des Ostens.**

Einnahmen. 1888—1889.

1888.	September 7.	In Kasse....................................	$360.59
"	" 8.	West Pennsylvania Klassis, 1887–1888..	7.00
1889.	August 12.	West New York Klassis.................	47.00
"	" "	Deutsche Maryland Klassis.............	46.00
"	September 5.	Deutsche Philadelphia Klassis..........	121.00
"	" 11.	New York Klassis.......................	31.00
"		West Pennsylvania Klassis.............	

$612.59
547.01
———
$65.58

Ausgaben. 1888—1888.

1888.	September 10.	Reisekosten nach Bethanien Waisenhaus, Pastor F. W. Berlemann.........	$ 2.50
"	" "	Reisekosten nach Bethanien Waisenhaus, Dr. Joh. Külling...............	2.68
"	" "	Kirchenrath der Immanuels-Gem., Rochester, N. Y......................	10.00
"	" "	An Wittwe Sophia Keller.............	50.00
"	" 17.	Auflage der General-Synode........	30.72
"	Oktober 12.	Pastor Borchers Gehalt.................	40.00
"	December 29.	Protokoll, Satz, Druck und Bindekosten..	90.84
		10,000 Religionsberichte, Druck u. Papier	12.92
1889.	Mai 27.	An Pastor Borchers für Briefporto, Manuscript zu versenden :c...........	1.85
"	August 24.	Auslage für Reisekosten zur Missionshausbehörde Sitzung zu Buffalo, N. Y.................................	32.50

$547.01

Geprüft und in Richtigkeit gefunden.

A. C. Dahlmann,
Geo. M. Ehrlen, } Ausschuß.
J. F. H. Dieckmann.

Bericht über das Dietz-Vermächtniß.

Einnahmen. 1888—1889.

1888.	December 1.	Interessen für sechs Monate, Hypothek in Philadelphia, 5 Proz............	$45.00
1889.	Januar 15.	Interessen für sechs Monate, Note in Baltimore, 5 Proz.....................	37.50
"	Februar 1.	Interessen für sechs Monate, Note in Baltimore, 5 Proz.....................	25.00
"	" "	Interessen für sechs Monate Hypothek in Baltimore, 5 Proz.................	45.00

1889. Mai   31. Interessen für sechs Monate Hypothek in
                   Philadelphia, 5 Proz............   45.00
"   Juli   15. Interessen für sechs Monate, Note in Bal=
                   timore, 5 Proz..................   37.50
"   August   1. Interessen für sechs Monate, Note in Bal=
                   timore, 5 Proz..................   25.00
"   "   10. Interessen für sechs Monate, Hypothek in
                   Baltimore, 5 Proz...............   45.00

                                                     $305.00
          September 1888. Kassenbestand........   566.44

                                                     $871.44
                                                      400.00

          September 1889. Kassenbestand......... $471.44

Ausgaben.
Nov. 1. An den Schatzmeister des Missionshauses, C. F. Arpke. $400.00

Summarium.
1886. November 21. Hypothek in Philadelphia, 5 Proz.....$1,800.00
1887. Februar 10.   "   Baltimore, 5 Proz......   1,800.00
"   Juli   15. Note in Baltimore, 5 Proz..........   1,500.00
1888. Februar 1.   "   "   "   "   " 1,000.00
Kassenbestand...   471.44

                                                        $6,571.44

Geprüft und in Richtigkeit gefunden.

      A. E. Dahlmann, ⎫
      Geo. M. Ehrlen, ⎬ Ausschuß.
      J. F. H. Dieckmann. ⎭

Jahres-Bericht über Einnahmen und Ausgaben des Hauses 1015 Washington Str. Wilmington, Delaware.

Einnahmen.
Für Miethe des Hauses für sechs Monate zu $460 per Jahr.....$230.00
Für sechs Monate zu $480 per Jahr.........................   240.00

          Summa........................ $470.00

Ausgaben.
1888. September 24. R. Morrison & Son, für Anstrich und
                    Zinndachdecken..................$ 3.88
"   "   "   Reisekosten nach Wilmington und zu=
                    rück............................   1.10
"   November 5. Latimer & Grover, für Kiesdachdeckung. 20.00
"   "   9. S. P. Mitchell, Reparatur an Fenstern. 2.00
"   "   30. G. W. Nichols, für Verbindung des Heiz=
                    apparates........................   4.50
"   "   "   B. Kendig, Reparatur an Schornsteinen   6.00
1889. Januar   29. Wasser Miethe für 1889............. 14.00
"   "   "   Reisekosten nach Wilmington und zu=
                    rück.............................   1.10
"   Februar   1. P. M. Mitchell, für „Sash"=Hängen...   .50
"   März   2. Miller & Jenkins für „Plumbing"..... 5.02
"   April   29. Gallaher & Numer, für „Flue"=Reparat. 4.10

der Deutschen Synode des Ostens.

1889.	Mai	1.	Chas. E. Murray, für einen neuen Schlüssel	.40
"	Juli	12.	Stadt- und Schul-Tax	106.40
"	"	"	County- und Armen-Tax	30.00
"	"	"	Reisekosten nach Wilmington und zurück	1.10

	Summa	$200.10
Bleibt ein Ueberschuß am 18. September 1889 von		$269.90

Zu bemerken wäre, daß das Haus einen anderen Miether bekam, ohne Verlust im Laufe des Jahres.

Achtungsvoll vorgelegt,

Jakob Longendörfer.

Philadelphia, 18. September 1889.

Geprüft und in Richtigkeit gefunden.

A. E. Dahlmann, ⎫
Geo. M. Ehrlen, ⎬ Ausschuß.
J. F. H. Dieckmann. ⎭

III. Bericht des Ausschusses über Finanzen.

Nachstehender Bericht wurde Montag Vormittag erstattet, entgegengenommen, punktweise erledigt und dann als Ganzes angenommen wie folgt:

Ihr Ausschuß berichtet achtungsvoll, daß folgende Dokumente in seine Hände gelangten:

a. Der Bericht des Schatzmeisters dieser Synode;

b. Der Bericht der Verwaltungsbehörde.

Der Bericht des Schatzmeisters weist einen Kassenbestand auf in der Summe von $65.58.

Beschlossen: 1. Die Summe von $250 als Umlage unter die Klassen zu vertheilen und zwar wie folgt:

New York Klassis.	$ 31.00
West New York Klassis.	47.00
Deutsche Philadelphia Klassis.	120.00
Deutsche Maryland Klassis.	46.00
Deutsche West Pennsylvania Klassis.	6.00
Summa.	$250.00

Aus dem Berichte der Verwaltungsbehörde ergibt sich, daß das Eigenthum der Synode gewissenhaft verwaltet wurde. Der Kassenbestand des Dietz-Vermächtnisses ist $6,571.44, davon sind 6,100 Dollars zinstragend angelegt und 471.44 Dollars in den Händen des Schatzmeisters. Das Dietsche Legat, ein Haus in Wilmington, Delaware, ergab einen Reinertrag von $269.90. In Erwägung desselben sei

Beschlossen: 2. Die Verwaltungsbehörde zu ermächtigen die Reparaturen an dem Kircheneigenthum in Egg Harbor City vorzunehmen.

3. **Beschlossen:** Den Schatzmeister der Verwaltungsbehörde zu beauftragen, den Ueberschuß aus dem Dict'schen Vermächtniß an die Einheimische Missionsbehörde unserer Synode auszuzahlen.

4. **Beschlossen:** Den Schatzmeister zu beauftragen $400 an das Missionshaus auszuzahlen.

5. **Beschlossen:** Daß in Zukunft der Reinertrag des Hauses in Wilmington, so oft wie es die Umstände erlauben, in die Kasse der Einheimischen Missionsbehörde unserer Synode einbezahlt werde.

6. **Beschlossen:** Der Verwaltungsbehörde unseren Dank abzustatten für die gute Verwaltung des Eigenthums der Synode.

7. **Beschlossen:** Den Schatzmeister zu beauftragen, für die Reisekosten des Missionars M. Oshikawa $25.00 und an den Hafenmissionar C. H. Ebert $5.00 zu bezahlen.

Achtungsvoll unterbreitet,

G. P. Seibel,
W. Walenta,
C. R. Mennig.

Artikel XVII.
Appellationen und Verweisungen.

Der Spezial-Ausschuß, welchem der Punkt aus dem Bericht über Klassikalverhandlungen, enthaltend die Appellation des Herrn H. C. Heyser von der Handlung der New York Klassis, wodurch er des Predigtamtes entsetzt wurde, überwiesen worden war, berichtete. Der Bericht wurde entgegen- und angenommen, und lautet wie folgt:

An die Ehrw. Synode des Ostens.

Ihr Ausschuß für den Appellationsfall von H. C. Heyser gegen eine Handlung der Ehrw. New York Klassis berichtet achtungsvoll, daß er die Appellation nicht in Ordnung findet, und dieselbe darum abzuweisen ist, indem der Appellant keine schriftlichen Gründe für seine Appellation eingereicht hat, wie Artikel 30. der Kirchenordnung bestimmt.

Achtungsvoll,

M. Bachmann,
Paul Wienand,
C. R. Mennig.

Artikel XVIII.
Beschwerden.

Keine.

Artikel XIX.
Publikation.

I. Jahresbericht des Direktoriums des Verlagshauses der Reformirten Kirche in den Ver. Staaten.

An die Ehrw. Synode des Nordwestens, die Ehrw. Synode des Ostens und die Ehrw. Central Synode.

Liebe Brüder in Christo.

Der treue Bundesgott, unser himmlischer Vater, hat auch dieses Jahr über unserm Verlagshause und seinen Angestellten seine Augen offen gehalten und seine Hände segnend ausgebreitet. Das Werk, das Ihnen und Ihrer Behörde zur Aufsicht übergeben ist, hat er nicht blos gnädig bewahrt, sondern auch sichtbar gefördert. Zwar hat es sich nicht außerordentlich rasch oder stark ausgedehnt. Dazu war ihm weder Raum noch Gelegenheit geboten, dazu aber auch kein dringendes Bedürfniß vorhanden. Wie unsere deutsche Kirche, verhältnißmäßig noch immer eine kleine Kraft, nur langsam wächst, so kann auch unser Verlags-Druckwesen nur bescheidene, jenem Wachsthum entsprechende Fortschritte machen. Das liegt in der Natur der Sache. Denn der Boden, auf dem es naturgemäß sich allein recht entfalten und wachsen kann, ist das Gebiet unserer Kirche, wie es ja auch darauf angelegt und gerichtet ist, ihre Bedürfnisse vor allen Dingen zu befriedigen. In fremdes Gebiet einzudringen, ist ihm zwar weder durch göttliches noch menschliches Gesetz verboten, aber durch den triftigen Grund verwehrt, daß es bereits eingenommen und mit eigener Literatur und Lesestoff aller Art von der betreffenden Kirche versorgt ist. Die Verbreitung unserer Zeitschriften beschränkt sich deßhalb fast ausschließlich auf die Grenzen unserer Kirche und hängt von der Willigkeit ihrer Glieder sie zu halten und zu lesen und von den Anstrengungen, sie dazu zu bewegen, ab. Daß es an beiden noch manchmal und an manchen Orten fehlt, ist die alte Klage. Sie wäre auch diesmal durch die unerbittliche Thatsache gerechtfertigt, daß die Kirchenzeitung, monatliche Ausgabe des Lämmerhirten und Lektionsblätter an Unterschreibern abgenommen und nur die Abendluft etwas, die halbmonatliche Ausgabe des Lämmerhirten, Missionsboten und Vergißmeinnicht beträchtlich daran gewonnen haben. Wir wollen jedoch dieses Trauerlied nicht wieder anstimmen. Es nützt ja nichts, wirkt weder Traurigkeit noch Besserung, selbst dann nicht, wenn Ihr Ehrw. Chor mit einstimmt. Die von Ihnen hierüber wiederholt gefaßten Beschlüsse haben keine bleibende Frucht gebracht. Während aber der Stand der Dinge und Menschen in dieser Hinsicht unser Verlagshaus nicht vom Fleck kommen läßt, hat der Herr ihm doch nach einer anderen Richtung hin die Thür groß und weit aufgethan, so daß es nun ins Freie treten und frisch und froh aufathmen kann. Dank der Güte Gottes bewegt es sich doch und zwar nicht nutzlos im Kreise herum, sondern vorwärts einem festen, hohen Ziele zu. Schon seit Jahren erkannten wir, daß wir ziehen, d. h. unser Geschäft in andere Räumlichkeiten verlegen sollten. Die bisher benutzten waren nicht blos für den Geschäftsbetrieb ungeeignet, weil zu weit von der Post und den Eisenbahnen abgelegen, sie waren auch zu enge, schwach und unbequem geworden. An das alte, für unser Geschäft ohnehin zu schwache Gebäude anzubauen, war nicht rathsam. Es fehlte an dem dazu geeigneten und nöthigen Grunde. Außerdem wären die Mängel der Lage und des alten Gebäudes trotzdem ja geblieben. Wir sahen uns deßhalb nach einer bessern und dem Mittelpunkt der Stadt näher gelegeneren Lokalität um. Solche fand sich auch, aber zu einem Preis, den wir nicht erschwingen konnten. Auch ein Tauschhandel um ein größeres und besser gebautes und gelegenes Haus zerschlug sich wegen des dafür geforderten zu hohen Preises. Günstige Aussichten, welche sich für die Verlegung unseres Geschäftes nach Indianapolis oder Dayton darboten, konnten nicht ernstlich in Betracht kommen, so lange sich für den Verkauf des alten Eigenthums keine günstige Gelegenheit fand. Die Ehrw. Erie Klassis war wohl bereit, es für das Calvinus Collegium für den ihr um $1000 unter dem gewöhnlichen Preis bewilligten Betrag zu kaufen. Allein, da sie die Mittel auch dafür nicht aufbringen konnte, so kam der Verkauf nicht zu Stande. Den Bemühungen unseres Agenten gelang es endlich, einen zuverlässigen Baumeister zu finden, der unser Eigenthum für $5000 kaufen wollte, wenn wir an einer von ihm bezeichneten Stelle oder in ihrer Nähe einen Bauplatz kaufen und darauf ein ansehnliches Gebäude errichten würden. Die Behörde nahm Einsicht von dem Platz und gelangte bald zu der Ueberzeugung, daß er für unsern Zweck in jeder Hinsicht trefflich geeignet und auch preiswürdig sei. Sie gab Br. Becker Vollmacht den Handel kontraktlich abzuschließen und den Bau zu beginnen nach einem von den Gliedern der Behörde eingesehenen und angenommenen Plane. Zugleich wurde ihm ein Bau-Ausschuß zur Seite gestellt. Es gelang ihm, einen eben so günstig und ganz nahe an ersteren gelegenen, dazu beträchtlich billigeren Bauplatz käuflich zu erwerben, was selbstverständlich die Billigung der Behörde fand. Der Bauplatz liegt an der südöstlichen Ecke von Pearl und Warden Straße und ist 100 Fuß breit und 110 Fuß tief für $7500. Der

Bau wurde für $23,900 mit allen erforderlichen innern Einrichtungen in Kontrakt gegeben und soll spätestens bis 1. Dezember 1889 vollendet sein. Er ist auch früh genug in Angriff genommen, jedoch nicht nach Wunsch gefördert worden, weil theilweise ungünstige Witterung, noch viel mehr aber die allgemeine sechs Wochen anhaltende Arbeitseinstellung der Maurer ihn aufhielten. Trotzdem hoffen wir, daß wenn der Herr ihn und die daran arbeiten, behütet, er zur festgesetzten Zeit vollendet dastehn wird. Er wird dann eine wahre Zierde des Stadttheils, wo er steht, ein Ehrendenkmal für unsere Kirche sein, worauf wir zwar nicht stolz sein, denn das taugt Niemand und Nichts, aber worüber wir uns von Herzen freuen und Gott Dank sagen dürfen und sollten. Denn der Vogel hat dann ein Nest gefunden, wo er ohne Furcht Junge hecken und nach Herzenslust zwitschern kann. Das konnte er die letzten paar Jahre in dem alten Nest nicht mehr. Denn es war Gefahr, daß dieses, wenn er laut würde, unter der Macht der Töne und der Last seiner Jahre und aufgehäuften Gelehrsamkeit elendiglich zu Fall kommen möchte. Auch konnte es nicht mehr die zahlreich und groß gewordenen Jungen recht halten und bergen. Diese bedrängten einander bedenklich in dem zu eng gewordenen Raume und drohten, das Nest erdrücken oder darüber hinaus und zu Tode zu fallen. Es war wahrlich weder die Eitelkeit noch Uebermuth über dem unserm Geschäft von Gott verliehenen Gedeihen der letzten paar Jahre, was den Neubau veranlaßte, sondern die reine Nothwendigkeit. Als dann ganz unerwartet sich auch dazu eine so seltene und treffliche Gelegenheit bot, konnten wir darin nur Gottes Befehl erkennen, daß wir vorwärts gehen, ziehen sollten. Und so sind wir denn auch in Gottes Namen und Furcht gezogen, obschon weder Moses noch irgend ein Prophet es uns besonders und ausdrücklich befohlen hat. Wir fürchten auch nicht, daß unser Geschäft im Meer der Schulden ersäufen wird, obschon diese gerade jetzt selbstverständlich beträchtlich sind. Wir vertrauen dabei mehr auf den Herrn, der bisher so gnädig und treu geholfen, als auf Menschen. Wir kommen deßhalb auch nicht mit dem Angstruf vor euch, vor die Kirche: „Helft uns, wir verderben", wohl aber mit der gewiß gerechten und billigen Bitte: Zahlt einmal alle, Prediger und Glieder, ehrlich und pünktlich, was ihr dem Verlagshaus schuldig seid. Solche Mahnung sollte eigentlich unter Christen gar nicht nöthig sein, sie ist es aber leider unter uns doch, wie die uns nicht zur Ehre gereichende Thatsache beweist, daß die Ausstände im Hauptbuch sich dieses Jahr auf die bisher unerhörte und unerreichte Höhe von $10,477.80 belaufen. Es wäre uns nur lieb und sicherlich der ganzen Kirche von Nutzen, wenn Sie geliebte Brüder, einmal wirklich Maßregeln ergreifen wollten und könnten, alle Glieder unserer Kirche zur Erfüllung ihrer einfachen Schuldigkeit gegen das Verlagshaus anzuhalten. Wollen die wahren Freunde desselben noch ein Uebriges für es thun, so ist dafür eine Gelegenheit dadurch geboten, daß sie von uns ausgestellte Bonds nehmen oder bei ihren Bekannten unterbringen. Sie würden dadurch unserm Geschäft einen Dienst leisten und zugleich selbst Nutzen haben. Denn diese Bonds tragen 6 Proz. Zinsen und sind durch das Eigenthum des Verlagshauses vollkommen gesichert. Wir behaupten ohne Scheu, daß Geld in ihnen sicherer angelegt ist, als in den gewöhnlichen Sparbanken oder Bauvereinen. Obwohl durch diesen Neubau, die Last der Sorge und Mühen für uns, besonders aber für den Agenten bedeutend vermehrt worden ist, so übernehmen und tragen wir sie gerne. Denn wir hegen nicht den geringsten Zweifel, daß unser Geschäft einen neuen Aufschwung nehmen und an Ausdehnung und Nützlichkeit sehr viel gewinnen wird.

Ueber den Gang und Stand unseres Geschäftes im vergangenen Jahre gibt der Bericht des Geschäftsführers eingehende und klare Auskunft. Daraus geht hervor, das es einen gleichmäßigen und sichern Fortgang nimmt und den schönen Reingewinn von $5835.21 abgeworfen hat. Gott, der zur fleißigen Arbeit seiner Knechte sich bekannt und den Segen gegeben, sei Ehre und Dank dafür.

Schließlich sei bemerkt, daß die Dienstzeit der Direktoren C. R. Mennig von der Synode des Ostens, W. F. Horstmeier von der Synode des Nordwestens und P. Greding von der Central Synode abgelaufen ist und ihre Stelle wieder besetzt werden muß.

Achtungsvoll vorgelegt,

P. Greding, Vorsitzer.

II. Bericht des Ausschusses über Publikation.

Obiger Ausschuß erstattete seinen Bericht während der Montag-Nachmittagssitzung. Der Bericht wurde entgegengenommen, verändert und in folgender Fassung angenommen.

Ihrem Ausschuß wurden übergeben: der Jahresbericht des Direktoriums des Verlagshauses und der Jahresbericht des Geschäftsführers, sowie auch ein Gesuch der West New York Klassis.

Aus diesen Berichten ersehen wir, daß, obwohl die kleineren Zeitschriften an Unterschreibern zugenommen, die größern dagegen abgenommen haben; daß aber im Ganzen genommen der Segen Gottes über unserm Verlagshause sichtbarlich gewaltet hat, wofür wir zu innigem Danke uns verpflichtet fühlen.

Der Reingewinn obgleich um 658 Dollars weniger denn letztes Jahr beträgt die schöne Summe von 5,835 Dollars.

Während der Reingewinn noch immer erfreulich zu nennen ist, fordert zu ernstem Nachdenken und kräftiger Abhülfe die bis jetzt nicht dagewesenen großen Ausstände im Hauptbuche, welche die Summe von 10,477 Dollars erreichen.

Ihr Ausschuß möchte Folgendes empfehlen:

Punkt 1. Beschlossen, daß um unsre Synode so viel als möglich vom Antheile an dieser Schuld zu entlasten, das Direktorium des Verlagshauses eingeladen sei, jeder Klassis die Namen der gegenwärtig ihr angehörenden Mitglieder, die an dieser Schuld theil haben, einzureichen.

Punkt 2. Die Klassen zu beauftragen, vorkommenden Falles, alle ihr zustehenden Mittel aufzubieten um solche säumigen Schuldner zur Zahlung zu nöthigen.

Punkt 3. In Bezug des uns überwiesenen Gesuchs der West New York Klassis, daß unsere Synode dafür wirken wolle, daß unsere Zeitschriften populärer geschrieben werden, empfiehlt ihr Ausschuß die Aufmerksamkeit des Direktoriums auf diese Sache durch den ständigen Schreiber der Synode zu lenken.

Achtungsvoll, Julius Herold,
Moritz Heinze,
Konrad Löwer.

Der ständige Schreiber wurde beauftragt, 700 Exemplare der diesjährigen Verhandlungen der Synode in dem Verlagshause unserer Kirche in Cleveland, O. drucken zu lassen und zu vertheilen.

Artikel XX.

Kirchen-Regiment.

Wahl eines Professors der Theologie.

Diese Wahl war zur Tagesordnung gemacht für Freitag Vormittag 11 Uhr. Die von der Synode anerkannten Kandidaten für die Professur der historischen Theologie, (siehe unter Art. VIII. und IX.) waren Professor Jakob Hauser vom theologischen Seminar zu Bloomfield, N. J., und Pastor H. A. Meier von Dayton, Ohio.

Die Leitung des heiligen Geistes in dieser für das Wohl der Kirche so wichtigen Angelegenheit, wurde in ernstem Gebete von Pastor A. E. Dahlmann, erfleht.

Professor Jakob Hauser erhielt 24 Stimmen.
Pastor H. A. Meier " 3 "

Beschlossen die Beamten der Synode zu beauftragen, das Resultat der Wahl unverzüglich den beiden Schwester-Synoden mitzutheilen.

Artikel XXI.
Verschiedenes.
I. Nominationen und Wahlen.

Der Ausschuß für Nomination berichtete in der Samstag Nachmittag Sitzung. Der Bericht wurde entgegen- und angenommen. Die Zeit für die Wahl wurde festgesetzt auf Montag Vormittag 11 Uhr.

Die Wahl wurde wie angeordnet gehalten.

Der Präsident verkündigte das Resultat wie folgt:

1. **Missions-Behörde.**

Pastoren: N. Gehr, D. D., und A. E. Dahlmann.

2. **Verwaltungs-Behörde der Synode.**

Pastor: M. Bachmann und Aeltester M. Höngen.

3. **Direktorium des Verlagshauses.**

Aeltester C. R. Mennig.

4. **Verwaltungs-Behörde des Missionshauses.**

Pastor J. F. H. Dieckmann, D. D.

Verzeichniß der Glieder der Synodal-Behörden und ihrer Amtsdauer.

1. **Missions-Behörde.**

Pastor N. Gehr, D. D., 5 Jahre; Pastor A. E. Dahlmann 4 Jahre; Pastor P. H. Dippell 3 Jahre; Aeltester G. M. Ehrlen 2 Jahre; Aeltester N. Wetzel, 1 Jahr.

2. **Verwaltungs-Behörde der Synode.**

Pastor M. Bachmann und Aeltester M. Höngen 3 Jahre; Pastor A. E. Dahlmann und Aeltester Geo. Ehrlen 2 Jahre; Pastor F. W. Berlemann und Aeltester Jakob Longendörfer 1 Jahr.

3. **Direktorium des Verlagshauses.**

Aeltester C. R. Mennig 3 Jahre, Pastor J. F. H. Dieckmann, D. D., 2 Jahre, Pastor N. Gehr, D. D.. 1 Jahr.

4. **Verwaltungsbehörde des Missionshauses.**

Pastor J. F. H. Dieckmann, D. D., 3 Jahre, Pastor J. Röck 2 Jahre, Aeltester Chr. Groß 1 Jahr.

II. Waisensache.

Bericht des Vorsitzers der Behörde des Waisenhauses bei Fort Wayne, Ind.

An die Ehrw. Synode des Ostens der Reformirten Kirche in den Vereinigten Staaten.

Geliebte Väter und Brüder!

Auch im verflossenen Jahre haben Sie liebend der Pfleglinge in unserm Waisenheim, bei Fort Wayne, gedacht; gestatten Sie daher dem Unterzeichneten, namens der Behörde, Ihnen einige Mittheilungen über den Zustand unseres geliebten Heims zu übermitteln.

Eine ansehnliche Familie wohnt in unserem schönen Heim, bei Fort Wayne; von Jahr zu Jahr hat dieselbe sich vergrößert und zählt jetzt 55 Pfleglinge.

Freuden und Leiden wechselten im verflossenen Jahre miteinander und zu den letzteren zählten mancherlei Krankheitsfälle, die unsere Pfleglinge betrafen; die Mumps waren im November vorigen Jahres eingekehrt, fast alle hatten darunter zu leiden; drei wurden vom Lungenfieber befallen, ein Kleiner, Albert Knatz von Philadelphia, unterlag demselben und da ein Unterleibsleiden hinzukam, starb er schon am neunten Tage.

Die sorgfältigen Hauseltern haben ihre Augen offen gehabt und die Kinderschaar wohl überwacht und gepflegt; auf ihrer Arbeit ruhte Gottes Segen. Die Kinder zeigten sich anhänglich und waren fleißig und gehorsam. Sie wurden auch zur Arbeit angehalten und da es an letzterer hier nicht fehlt, war es nicht schwer, sie zu beschäftigen. Vier Knaben stehen bereits im Dienst und helfen, wie dies in großen Familien der Fall ist, mit verdienen; einer lernt das Schmiedehandwerk; ein Mädchen thut Dienste im Hause Pastor Kriete's.

Schulunterricht wurde unsern Zöglingen im Laufe des Jahres zehn Monate hindurch ertheilt; drei Monate unterrichtete sie Fräulein Stanger ausschließlich in deutsch. Der Hausvater hat wöchentlich zweimal Religionsunterricht ertheilt an alle Kinder, die lesen können. Auch wurde in Gegenwart der Behörde, in der Karwoche eine Konfirmandenprüfung gehalten, die zur Befriedigung der Mitglieder derselben ausfiel; am Karfreitag fand an fünf Knaben und einem Mädchen Konfirmation statt.

Daß der Haushalt einer 64 Seelen zählenden Familie mit Kosten verknüpft ist, leuchtet wohl ein. Um das tägliche Brot wurde ja im Heim auch gebetet und allen ist es zutheil geworden. Der himmlische Vater hat Herzen und Hände zum Sich aufthun willig gemacht.

Farm und Garten haben auch gute Dienste gethan und theilweise reichlichen Ertrag geliefert. Ein guter Viehstand gehört zum Heim, darunter sieben Milchkühe.

Unserem Waisenheim hat der Herr eine Anzahl warmer Freunde erweckt, welche ohne Ermüden liebevolle Handreichung leisteten und es gereicht uns zum Vergnügen, berichten zu dürfen, daß aus dem Bereich Ihrer Ehrw. Synode $427.54 dem Heim zugeflossen sind. Auch dürfen wir Ihnen die Mittheilung machen, daß vier Waisen aus Ihren Gemeinden unserer Familie zugethan worden sind.

Nach und nach ist die Heimath mit Vater- und Mutterlosen angefüllt worden und die Frage: Wo schaffen wir Raum, für andere Hülfesuchende, hat die Behörde bewogen die Vergrößerung des Heims ernstlich in Berathung zu ziehen, soll unser Werk nicht in Stillstand gerathen, so ist ein Neubau nur eine Frage der nächsten Zeit.

Wie Sie, geliebte Väter und Brüder auch in Erfahrung gebracht haben werden, hat eine würdige Wittwe, die im jüngsten Frühjahr heimgegangene Mutter Hauck, zu Canaan, Wayne Co., O., in ihrem letzten Willen reichlich unseres Heims gedacht. Das Vermächtniß ist ein bedeutendes. Es würde unserem Heim eine große Hülfe aus demselben erwachsen. Jedoch ist der Behörde Nachricht zugegangen des Inhalts, daß ein Bruder der Verstorbenen das Testament angefochten habe. Klar ist, daß unter allen Umständen unsere Waisenheimath auch fernerhin der kräftigen Unterstützung von Seiten der Glieder unserer Kirche bedarf.

Indem die Behörde Ihrer Ehrw. Synode den Dank für erwiesene Theilnahme durch Liebesgaben ausdrückt, knüpft sie daran die Bitte, dieselbe unserem Waisenheim, bei Fort Wayne auch für die Zukunft zuwenden zu wollen.

Achtungsvoll, im Auftrage der Behörde

L. Praikschatis.

Cleveland, O., den 4. September 1889.

Bericht des Spezial-Ausschusses für Waisensache.

Ihrem Ausschusse wurde, im Auftrage der Waisen-Behörde,

1. ein von Pastor L. Praikschatis verfaßtes Schreiben,
2. Die Konstitution des Waisen-Vereins,
3. Zwei Gesuche der Ehrw. West New York Klassis in Bezug auf die Waisensache übergeben.

Punkt 1. Aus dem Bericht des Pastor L. Praikschatis geht hervor, daß auch in der Waisenheimath bei Fort Wayne, Ind. Freud und Leid, Gesundheit und Krankheit mit einander abwechselten, daß aber Gottes gnädige Hand und sein Segen mit der Arbeit dort war und ist. Auch wird in dem Schreiben der Dank für gesandte Liebesgaben ausgedrückt, und die Bitte gestellt fernere Liebesgaben dem Waisenheim bei Fort Wayne, Ind., zuwenden zu wollen.

Ihr Ausschuß empfiehlt diese Bitte zu gewähren.

Punkt 2. Indem laut der Konstitution des Waisen-Vereins die Synode des Nordwestens und die Central-Synode Eigenthümer des Waisenhauses bei Fort Wayne, Ind. sind, und unsere Synode keine Rechte in der Verwaltung desselben hat; und indem unsere Synode bereits letztes Jahr (siehe Verhd. '88 Seite 41,) beschlossen hat, unsere Unterstützung in Zukunft vorzugsweise dem Waisenhause bei Fort Wayne, Ind., zukommen zu lassen, so sei hiermit

Beschlossen, die beiden Schwester-Synoden zu ersuchen, solche Anordnungen in Bezug der Verwaltung des Waisenhauses zu treffen, daß unsere Synode Antheil daran haben kann.

Punkt 3. Beschlossen die West New York Klassis auf vorstehenden Beschluß aufmerksam zu machen.

Achtungsvoll, M. Heinze,
G. Facius,
C. R. Mennig.

Obiger Bericht wurde in der Montag Abendsitzung erstattet, entgegengenommen und nach punktweiser Erledigung als Ganzes angenommen.

III. Bericht des Ausschusses über Referate.

Ihr Ausschuß welcher den Auftrag erhielt, geeignete Themata zur Besprechung bei Ihrer Jahressitzung im Monat September 1889 in Philadelphia, Pa. vorzulegen, berichtet achtungsvoll.

Daß schon vor zwei Monaten laut Beschluß Ehrw., Synode, nachstehende Themata zur Besprechung in der „Reformirten Kirchenzeitung" angezeigt wurden:

1. „Was ist die Aufgabe und Bedeutung der evangelischen Predigt für die Gegenwart"? Referent, Pastor A. E. Dahlmann von Philadelphia, Pa.

2. „Was können Prediger und Gemeinde-Organe thun zur Hebung des kirchlichen Lebens?" Referent Pastor W. L. Elterich von Washington, D. C.

Jedes Referat soll nicht längere Zeit als eine halbe Stunde in Anspruch nehmen.

Nach den Referaten folgt freie Besprechung der Gegenstände von den Synodalen. Der Ausschuß

G. Facius,
J. Külling,
Jakob Longendörfer.

Obiger Bericht wurde in der Donnerstag Nachmittag Sitzung erstattet. Er wurde entgegen und angenommen. Für das Lesen und die Besprechung der Referate siehe Art. X. — Folgender Ausschuß wurde ernannt um passende Themata zur Besprechung für nächstes Jahr aufzustellen: Pastoren J. Külling, D. D, M. Bachmann, Aelt. M. Höngen. Obigem Ausschuß wurde der Auftrag gegeben, die Frage: (siehe Art. XI. II, 1.) „Sind in den statistischen Tabellen unter der Rubrik: Nichtconfirmirte Glieder, auch die getauften Kinder von Nichtgliedern anzugeben?" als ein Thema zur Besprechung für nächstes Jahr aufzustellen.

Beschlossen die Referate der Pastoren A. E. Dahlmann und W. L. Elterich in der Kirchenzeitung zu veröffentlichen.

Beschlossen daß der ständige Schreiber Pastor Joh. Röck ersuche, sein vor der Synode letztes Jahr gelesenes Referat über das Thema: „Was kann geschehen um den Gebetsgeist innerhalb unserer Gemeinden aufs Neue zu beleben?" ebenfalls in der „Reformirten Kirchenzeitung" zu veröffentlichen.

IV. Bericht des Ausschusses über Prediger-Pension.

Ihr Ausschuß erlaubt sich Ehrw. Synode folgenden Beschluß zur Annahme zu empfehlen.

1. Da die Ehrw. Central-Synode in ihrer Jahressitzung in New Philadelphia, O., vom 12-17. September 1888, eine Vorlage eines dazu ernannten Plenarausschusses, bezüglich der Gründung eines Vereins für Prediger- und Predigerswittwen-Pension, ihrem Protokoll einverleibt, und auf Seite 83, Punkt 4, beschlossen: „die Ehrw. Synode des Nordwestens und die Deutsche Synode des Ostens zu ersuchen, ihr Gutachten über diese Sache abzugeben und mit uns dahin zu wirken, daß sie so bald als möglich in's Leben gerufen werden kann; daher Beschlossen: diesem Gesuch bestmöglichst nachzukommen.

2. Beschlossen diese Angelegenheit bis zur nächsten Jahresversammlung der Synode in Baltimore zurückzulegen dann aber so schnell wie möglich, zur Verhandlung zu bringen, und den respektiven Ausschuß beizubehalten. Achtungsvoll,

G. Facius,
A. E. Dahlmann,
Johann Lutz.

Der vorstehende Bericht wurde während der Montag Abendsitzung vorgelegt entgegen- und angenommen mit dem Zusatz, daß der Bericht des Ausschusses am zweiten Sitzungstage der nächsten Jahresversammlung vorgelegt werde.

V. Bericht des Spezial-Ausschusses über das Gesuch der Wittwe des verstorbenen Pastors G. B. Massalsky.

Ihr Ausschuß berichtet achtungsvoll, daß er das Gesuch der genannten Wittwe gewissenhaft erwogen hat, und empfiehlt Ehrw. Synode folgenden Beschluß:

Indem der verstorbene Pastor G. B. Massalsky zur Zeit seines Todes und längere Zeit vor demselben nicht mehr Glied unserer Kirche war, so sei

Beschlossen, daß wir das Gesuch der Wittwe Massalsky um Unterstützung nicht berücksichtigen können.

Achtungsvoll,
W. Walenta,
J. G. Neuber,
P. W. Siebert.

Obiger Bericht wurde angenommen.

VI. Berichterstatter ernannt.

Am zweiten Sitzungstage wurde Pastor P. H. Dippell ernannt der Tagespresse von Philadelphia kurze Berichte von unseren Verhandlungen zu erstatten. Derselbe berichtete am Abend des letzten Sitzungstages, daß er seinem Auftrage nachgekommen sei, und daß die Berichte in einer englischen und einer deutschen Tageszeitung veröffentlicht worden seien.

Beschlossen, daß der Dank der Synode diesen Zeitungen abgestattet werde.

Pastor P. H. Dippell wurde beauftragt über diese Jahresversammlung der Synode der „Reformirten Kirchenzeitung" Bericht zu erstatten.

VII. Ort und Zeit der nächsten Jahresversammlung.

Beschlossen, daß die nächste Jahresversammlung der Synode stattfinde in der **Fünften Reformirten St. Paulus Kirche, Baltimore, Md.**, beginnend den 2. **Mittwoch im Monat September 1890, Abend 8 Uhr**.

Beschlossen, daß die nächste Synode als eine **allgemeine** sich versammle.

VIII. Dankbeschluß.

Beschlossen, daß der Reformirten Emanuel's-Gemeinde, West Philadelphia, für den Gebrauch ihrer Kirche, sowie für die erwiesene Gastfreundschaft, hiemit der herzliche Dank der Synode ausgesprochen sei; und daß der Ortspastor ersucht sei, diesen Beschluß von der Kanzel der Gemeinde bekannt zu machen und ihr die warmen Segenswünsche der Synode zu übermitteln.

Artikel XXII.
Schluß der Verhandlungen und Vertagung.

Weder die Delegaten: Aeltester Wilhelm Kühlthau von der New York Klassis, Nicolaus Herzog und C. Manz von der Deutschen Philadelphia Klassis, und Chr. Roth von der deutschen Maryland Klassis, noch ihre secundi waren anwesend bei dieser Jahresversammlung. Der Delegat Nicolaus Wetzel war abwesend und nicht durch einen secundus vertreten während der ersten vier Sitzungstage.

Das Protokoll wurde zu Anfang einer jeden Morgen-Sitzung und vom letzten Tage bei dem Schluße der Verhandlungen gelesen und angenommen.

Die Deutsche Synode des Ostens der Reformirten Kirche in den Vereinigten Staaten vertagte sich Montag, den 23. September 1889, Abends 10 Uhr, nach dem gemeinsamen Bekenntniß des Glaubens, und dem Gebete des Herrn, mit dem apostolischen Segen vom Präsidenten. J. F. H. Dieckmann, D. D, Präsident.

A. E. Dahlmann, ständiger Schreiber.

Officielle Abschrift des Original-Protokolles.

A. E. Dahlmann, ständiger Schreiber.

der Deutschen Synode des Ostens. 69

Statistischer Bericht der New Yorker Klassis.

Prediger.	Gemeinden.	Pfarrstellen.	Glieder.	Rückkonfirmirte Glieder.	Taufen: Kinder.	Taufen: Erwachsene.	Konfirmirt.	Aufnahme b. Schein ob. erneuerten Bekenntniß.	Kommunicirt.	Entlassen.	Ausgeschlossen.	A.b.Uebertritt z. geistlichen	Gestorben.	Sonntagsschulen.	Sonntagsschul-Schüler.	Stud. für's Predigtamt.	Gaben: Wohlthätige Zwecke.	Gaben: Gemeinde-Zwecke.	Verbandl. der Synode.	Postamts-Adresse.
Joh.F.Busche,D.D	1	Suffolk St., N. Y	350	300	121	.	31	.	200	7	.	.	10	1	300	.	$.1935	$.1397	11	108 Rivington St., N. Y.
Louis B. Schwarz	1	Boston, Mass	*)92	.	9	.	.	.	75	13	.	.	13	1	.	.	. 52	. 2325	3	157 Charles St., Boston, Mass
Carl Bant	1	New Brunswick, N. Y	300	140	36	.	8	6	240	5	.	11	13	1	140	.	. 55	. 1900	9	New Brunswick, N. J.
Caspar Brunner	1	Bridgeport, Conn	160	80	101	1	17	7	120	5	.	7	2	1	200	.	. 102	. 1575	6	Bridgeport, Conn.
Nicolaus Wiers	1	Milltown, N. J	369	150	21	.	12	15	320	.	.	.	9	1	165	.	. 87	. 771	10	Milltown, Middlesex Co.,N.J
Friedrich Hor	1	Martha Mem., N. Y.	200	150	170	.	25	15	200	2	.	20	62	1	250	.	. 25	. 2844	8	406 West 47th, St. N. Y.
Wenzel Walenta	1	Emanuel, Brooklyn	220	251	95	.	32	54	190	2	.	26	1	1	350	.	. .	. 2879	12	396 Graham Ave. Brooklyn E. D., N. Y
Joh. Külling,D.D	1	Bethanien, East N.Y.	55	45	10	1	6	(†)	51	.	.	3	1	1	70	.	. 310	. .	. 5	134 Hendrix St., East N. Y.
C. Th. Heimberger	.	Ohne Stelle	.	.	.	.	.	.	.	.	.	.	.	.	.	.	.	.	.	20 Bossid Ab. Bridgeport Conn.
Adolph Lepp	.	Missionar unter Deutschen	.	.	.	.	.	.	.	.	.	.	.	.	.	.	.	.	.	Ornler St. Neushatel, Switzerland
Carl H. Ebert	.	Hafen Missionar	.	.	.	.	.	.	.	.	.	.	.	.	.	.	.	.	.	15 State Str., New York.
G. W. J. Landau	.	Ohne Stelle	.	.	.	.	.	.	.	.	.	.	.	.	.	.	.	.	.	133 Willis St., Batterton N. J.
12	8		1746 1116	.	563	2	131	97	1404	34	.	41	136	7	1475	1	$2.566	$10.691	59	

*) Da keine Gliederzahl berichtet wurde, ist die Zahl vom alten Bericht gesetzt.   †) Da kurz vor dem Bericht organisirt wurde, sind in dieser Rubrik keine Zahlen angegeben.

Statistischer Bericht der West New York Klassis.

Prediger.	Gemeinden.	Pfarrstellen.	Glieder.	Richtlichstimmte Glieder.	Taufen: Kinder.	Taufen: Erwachsene.	Konfirmirt.	Aufnahme b. Schein oder erneuerte Bekenntniß.	Kommunicirt.	Entlassen.	Ausgeschlossen.	A. d. Gliederliste gestrichen.	Gestorben.	Sonntags-Schulen.	Sonntagsschul-Schüler.	Stud. für's Predigtamt.	Gaben. Wohlthätige Zwecke.	Gaben. Gemeinde Zwecke.	Verhandl. der Synode.	Postamts-Adresse.
J. F. H. Dieckmann	1	Zions	1065	664	106	1	49	25	1030			44	51	1	575	2	$.649	$.4,558	.7	77. Locust Str., Buffalo, N. Y.
C. Gundlach	1	Emanuels	262	175	48		13		198	2			15	1	160	1	.63	.1,095	.7	103 Hamilton Place, Rochester, N. Y.
Fr. Schaab	2	1. Reformirte	184	72	13	2	15	.4	140			13	.5				.54	.500		Clarence, Erie Co., N. Y.
H. Dieckmann	1	St. Paulus	210	190	18		.6	.11	150	.6	4	8	15	1	.90	1	.187	1,159	.6	2 Brook Str., Titusville, Pa.
Joh. Röd.	1	Ebenezer	141	82	15		.13		124				.6	1	125		.145	.632	.9	Ebenezer, Erie Co., N. Y.
M. Heinze	1	Salems	293	240	53		18		262			15	18	1	.75		.123	.1,493	.9	417 Sherman Str., Buffalo, N. Y.
Jak. Storrer	1	Emanuels	253	160	35	1	.11	.31	250			17	13	1	300			.850	.8	Cor. Utica & Humb'ld Park Way, Buff.
C. Ruß*)																				
W. Wenzt)																				
B. Bollmann†)									125								.30			66 Mt. Vernon Str., Rochester, N. Y.
8 Prediger.	.8		2408	1583	288	4	125	.71	2154	.8	4	97	123	.7	1450	3	$1251	$10,292	32	

*) Emeritus. †) Licenfiaten.

der Deutschen Synode des Ostens. 71

Statistischer Bericht der Deutschen Philadelphia Klassis.

Prediger.	Gemeinden.	Pfarrstellen.	Glieder.	Nichtconfirmirte Glieder.	Taufen: Kinder.	Taufen: Erwachsene.	Konfirmirt.	Aufnahme durch Schein oder erneuertes Bekenntniß.	Kommunicirt.	Entlassen.	Ausgeschlossen.	Von der Liste gestrichen.	Gestorben.	Sonntags-Schulen.	Sonntagsschul-Schüler.	Studenten für's Predigtamt.	Gaben: Wohlthätige Zwecke.	Gaben: Gemeinde-Zwecke.	Verthandlungen der Synode.	Postamts-Adresse.
F. W. Bertemann	1	Salems	934	750	190	3	70	8	689	.	.	20	23	1	790	1	$.1062	$.5578	.12	341 Fairmount Ave., Phila., Pa.
S. H. Dippell	1	Zions	744	420	88	1	68	36	650	2	.	20	26	1	575	.	.1035	.9184	.12	1230 N. 6. Str., Phila., Pa.
S. H. Neuber	1	Bethlehems	585	345	140	1	29	21	577	3	.	.	34	2	486	.1	.431	.3298	.20	1532 G. Montg. Ave., Phila., Pa.
Vakant*)	.	St. Johannes	.	.	.	.	.	.	56	.	.	.	.	.	.	.	.	.236	.3	Egg Harbor City, N. J.
A. B. Forster	2	Glasboro, Emanuels	.65	.40	.2	.	.17	.14	.140	10	.	.13	.1	.1	.80	.2	.54	.903	.6	Glasboro, N. J.
A. G. Dahlmann	1	Emanuels	165	125	.10	.	.32	.19	.300	2	.	.	.3	.1	.205	.2	.81	.3553	.9	2631 Belfort St., Brideburg, Phila., Pa.
Philipp Vollmer	1	St. Paulus	390	180	.27	1	.30	.23	.360	1	.	.23	.7	.1	.180	.	.530	.2697	.12	413 N. 38. St., Phila., Pa.
Geo. A. Scheer	1	St. Markus	462	350	.78	.	.71	.44	.506	3	.	.30	.4	.1	.440	.	.618	.4700	.12	741 So. 17. St., Phila., Pa.
S. B. Seibel	1	St. Johannes	600	354	159	5	.23	.9	.	1	.	.12	.7	.1	.900	.	.322	.1140	.8	2404 N. 6. St., Phila., Pa.
.	1	Gnaben	207	110	.21	.	.5	.4	.132	2	.	.	.11	.1	.80	.	.40	.	.12	169 N. Mulberry, Lancaster, Pa.
A. G. Wymann	1	St. Johannes, Stockton	606	367	.53	.	.22	.	.315	1	.	.	.	.1	.250	.	.30	.1223	.4	Hazleton, Luzerne Co., Pa.
Levi K. Derr	1	Zions	400	.86	.6	.	.8	.	.48	.	.	.1	.9	.1	.60	.	.	.230	.	} 522 Washington Str., Reading, Pa.
Paul Wienand	1	St. Lukas	160	100	.35	1	.10	.58	.330	6	.	.1	.2	.1	.200	.1	.224	.2012	.10	920 N. 26. Str., Phila., Pa.
Adam Polen	1	Immanuels	130	.83	.42	.	.11	.50	.114	3	.	.5	.1	.1	.280	.	.22	.856	.8	2. Williamsport, Phila., Pa.
John Vögelin	1	St. Johannes	253	110	.26	.	.12	.6	.190	1	.	.	.6	.1	.120	.	.25	.1603	.2	3403 Frankfort Ave., Phila., Pa.
Vakant	.	Zwingli	.98	.45	.32	.	.15	.12	.90	7	.	.14	.4	.1	.100	.	.15	.2300	.5	Harrisburg, Pa.
N. Geyr, D. D†)	.	.	.	.	.	.	.	.	.	.	.	.	.	.	.	.	.	.	.	2404 N. 6. St., Phila., Pa.
S. P. Anlett, L.D†)	.	.	.	.	.	.	.	.	.	.	.	.	.	.	.	.	.	.	.	Philadelphia, Pa.
C. G. W. Beyer‡)	.	.	.	.	.	.	.	.	.	.	.	.	.	.	.	.	.	.	.	Wanheim, Großherzogthum Baden
.	.	.	.	.	.	.	.	.	.	.	.	.	.	.	.	.	.	.	.	Philadelphia, Pa
17	18		5764	3519	909	12	400	306	4497	41	.	138	152	21	4746	7	$.4489	$39,510	139	

*) Bedient von Kandidat der Theologie H. Wiemer. †) Ausgedient. ‡) Ohne Stelle.

Statistischer Bericht der Deutschen Maryland Klassis.

Prediger.	Glieder.	Pfarrstellen.	Glieder.	Nichtkonfirmirte Glieder.	Taufen Kinder.	Taufen Erwachsene	Konfirmirt.	Aufn. b. Schein oder ern. Bekenntniß.	Kommunicirt.	Entlassen.	Ausgeschlossen.	Z. d. Gliederz. gest.	Gestorben.	Sonntags-Schulen.	Sonntagsschul-Schüler.	Stud. f. Predigtamt.	Gaben. Wohlthätige Zwecke.	Gaben. Gemeinde-Zwecke.	Berth. der Synode.	Postamts-Adresse.
M. Bachmann	1	5. D. Ev. Ref. St. Paul	695	475	158		30	15	580			25	47	1	360		$. 295	$. 2785		1731 Bank St., Baltimore, Md.
J. C. Haufer	1	Ref. Immanuels	503	455	*204		21	45	368			10	13	1	460		432	3587		306 N Schroeder St. Baltimore
H. Bielfeld	1	Ref. St. Johannes	56	20	1		3		46	2			6	1	20			320		195 S. Market Str., Frederick.
G. Facius	1	Deutsche Ref. Zions	385	250	67	1	33	8	275			6	5	1	200		100	2000		611 Mosquith Str., Baltimore.
A. E. Schade	1	4. Ref. St. Johannes	490	200	27		17	4	235	4		20	17	1	150	1	155	1700		613 N. Calvert St., Baltimore
W. L. Elterich	1	1. Ref. Trinitatis	208	85	56		10	30	180			2	2	1	90		35	963		606 R. St. R. W. Washington, D. C.
C. Borches	1	1. Deutsch Reformirte	26	35	7			3	19				1	1	24			853		Jacksonville, Baltimore Co.
A. Günther	1	Ohne Stelle																		Brightwood, D. C.
8	7		2363	1520	520	1	114	105	1703	6		63	91	7	1304	1	$.1017	$. 12,208		

*) Davon sind 69 Taufen in einem Kinderalter vollzogen worden.

Statistischer Bericht der Deutschen West Pennsylvania Klassis.

Prediger.	Gemeinden.	Pfarrstellen.	Glieder.	Nichtkonfirmirte Glieder.	Taufen Kinder.	Taufen Erwachsene.	Konfirmirt.	Aufnahme d. Schein oder erneuertes Bekenntniß.	Kommunicirt.	Entlassen.	Ausgeschlossen.	Von der Liste gestrichen.	Gestorben.	Sonntags-Schulen.	Sonntagsschul-Schüler.	Sonntagsschul-Beamten.	Stud. für's Predigtamt.	Gaben. Wohlthätige Zwecke.	Gaben. Gemeinde Zwecke.	Synodal Verhandlungen.	Postamts-Adresse.
J. Herold	1	St. Paulus	176	82	12	..	7	21	115	8	..	..	1	1	145	21	..	$238	$1424	8	176 44te Str., Pitteburg, Pa.
C. Scheel	2	St. Peter und Zion	136	67	11	..	9	..	86	..	..	1	1	1	50	8	..	..10	..195	2	Zelienople, Pa.
C. A. Limberg	1	Dreieinigkeit	..47	..30	..5	..	..	..	..39	..7	..	..	..	..	..	..	..	..	..60	..4	Butler, Pa.
M. F. Dumstrey	..	..	..	..	..	..	..	..	..	..	..	..	..	..	..	..	..	..	..	..	Zelienople, Pa.
4 Prediger	4		359	179	28	..	13	21	240	15	..	1	2	2	195	29	..	$248	$1679	14	

Pastor C. A. Limberg bedient eine unabhängige Gemeinde, welche $37.00 zur Mission gegeben hat.
Pastor M. F. Dumstrey bedient eine unabhängige Gemeinde.

Statistische Uebersicht
der deutschen Synode des Ostens der Reformirten Kirche in den Vereinigten Staaten für das Jahr 1889.

Klassen.	Prediger.	Gemeinden.	Glieder.	Nichtkonfirmirte Glieder.	Taufen Kinder.	Taufen Erwachsene.	Konfirmirt.	Aufnahme d. Schein oder erneuertes Bekenntniß.	Kommunicirt.	Entlassen.	Ausgeschlossen.	Von der Mitgliederliste gestrichen.	Gestorben.	Sonntags-Schulen.	Sonntagsschullehrer und Beamte.*	Sonntagsschul-Schüler.	Stud. für's Predigtamt.	Gaben. Wohlthätige-Zwecke.	Gaben. Gemeinde-Zwecke.	Verhandlungen d. Synode.	Postamts-Adresse der Ständigen Schreiber.
New York......	12	8	1746	1116	563	2	131	97	1404	34	..	41	136	7	..	1475	1	$.2566	$19,691	59	C. Brunner, Bridgeport, Conn.
West New York..	8	8	2408	1583	288	4	125	71	2151	8	4	97	123	7	..	1450	3	.1251	.10,292	32	J. Röck, Ebenezer, Erie Co., N.Y.
Deutsche Philadelphia.	17	18	5764	3519	909	12	400	306	4497	41	..	138	152	21	..	4746	7	.4489	.39,510	139	A. C. Dahlmann, Phila., Pa.
Deutsche Maryland..	8	7	2363	1520	520	1	114	105	1703	6	..	63	91	7	..	1304	1	.1017	.12,208	..	J. C. Hauser, Baltimore, Md.
Deutsche W. Pennsylv'a	4	4	.359	.179	.28	..	13	.21	.240	15	..	11	.2	2	..	.195	..	.248	.1679	14	J. Herold, Witteburg, Pa.
	49	45	12,640	7917	2308	19	783	600	9998	104	4	350	504	44	..	9170	12	$.9571	$83,380	244	

* Die Rubrik „Sonntagsschullehrer und Beamte" wurde hinzugefügt. General-Synodal-Beschluß vom Jahre 1887.

der Deutschen Synode des C,

Inhaltsverzeichniß.

Abwesende Glieder....................................	
Anwesende Glieder....................................	
Almosengelder, Erklärung des ständigen Schreibers der Gen.-Syn. über	.
Appellation des H. C. Heyser, Bericht des Ausschusses für..............	56
Ausschüsse ständige...................................	7–8
Beamte der Synode....................................	7
Behörden der Synode und Wahl für erledigte Aemter der.............	62
Begrüßungsschreiben...................................	12–14
Berichterstatter ernannt................................	67
Dankbeschlüsse.......................................	67
Eingaben, Bericht des Ausschusses über...................	10–11
Eröffnung der Synode.................................	5
Examination, Licensur etc., Ausschuß-Bericht über...........	19
Finanzen..	52–56
Geschäftsordnung und Zeit für Geschäftssitzungen............	7
Gesuche von Klassen..................................	17 u. 19
Gottesdienste..	15–16
Kirchlich-religiöse Zustände, Ausschuß-Bericht über...........	20–22
Klassikalverhandlungen................................	17–19
Korrespondenz mit Schwester-Synoden....................	14–15
Mission, Bericht des Ausschusses für.....................	34–35
" Jahresbericht der Behörde für Einheimische..........	22–27
" " des Schatzmeisters für Einheimische............	29–31
" Bericht der Behörde der General-Synode für Ausländische......	32–33
Missionsstatistik...................................	28 u. 34
Missionshaus, Jahresbericht der Verwaltungsbehörde...........	35–37
" " " Visitationsbehörde..................	38–42
" " " des Schatzmeisters.................	42–50
" Bericht des Ausschusses für das...................	51–52
Mittheilungen..	8
Prediger- und Prediger-Wittwen-Pension, Ausschuß-Bericht über...	66
Publikation, Bericht des Ausschusses für...................	60–61
Rathgebende Glieder...................................	6
Referate..	16
" Bericht des Ausschusses für.........................	65–66
Statistiken...	69–74
Synodal-Verhandlungen.................................	8–9
Synode, Bericht des Schatzmeisters der...................	53–55
" Spezial-Versammlung der...........................	
" nächste Jahresversammlung der......................	
Unterstützung, Gesuch und..............................	
Verlagshaus, Jahresbericht des Direktoriums	
Verschiedenes......................................	
Verwaltungsbehörde der Synode	
Vertagung...	
Wahl eines Professors der Th	
Waisensache, Behörde- und A	